ULLSTEIN

D1844190

Das Buch

Der erste Augenkontakt, das Ansprechen, das erste Rendezvous, das Ausziehen, das erste Mal, Lieben oder Verlassen – der Weg zum richtigen Partner birgt nicht nur Risiken, sondern überall lauern auch schreckliche Gefahren: Was tun, wenn man nach einem One-Night-Stand neben jemandem aufwacht, dessen Namen einem beim besten Willen nicht mehr einfällt? Ist der Partner vielleicht ein Axtmörder? Wie kann man trotz wenig Platz – z. B. in einer Flugzeugtoilette – guten Sex haben? Dieses Handbuch bietet Ihnen nützliche Schritt-für-Schritt-Anleitungen, wie Sie in verschiedenen Extremsituationen des Beziehungsdschungels überleben können. Scheuen Sie also kein Risiko und machen Sie sich auf, den passenden Partner zu finden – oder den falschen wieder loszuwerden.

Die Autoren

Joshua Piven ist Computerjournalist und freier Autor. In seinem Leben ist er bereits versetzt, verlassen, belogen und betrogen worden – doch glücklicherweise nicht von seiner Frau. Er lebt in Philadelphia.
David Borgenicht ist Autor, Herausgeber und Teilzeit-Liebhaber, den Candlelight-Dinners und Frauen anmachen, die sich nicht vor Haien fürchten. Auch er lebt zusammen mit seiner Frau in Philadelphia.
Jennifer Worick ist Redakteurin und Autorin. Im Laufe ihres Lebens ist sie mit einer bunten Palette von Männern ausgegangen und lebt heute als überzeugter Single in Philadelphia.
Brenda Brown arbeitet als freie Illustratorin und Comiczeichnerin. Außerdem entwirft sie Graphiken für Computerprogramme.
Für *Das Sex-&-Dating-Survival-Buch* haben die drei Autoren zahllose Experten befragt, darunter Sextherapeuten, Benimm-Lehrer, CIA- und FBI-Agenten, Anwälte, Barmänner, Psychologen, Erste-Hilfe-Lehrer, Ernährungswissenschaftler, Collegedozenten, Frisöre, Modeberater und Dermatologen.

In unserem Hause sind von Joshua Piven und David Borgenicht bereits erschienen:

Das Survival-Buch
Das Travel-Survival-Buch

Joshua Piven
David Borgenicht
Jennifer Worick

Das Sex-&-Dating-Survival-Buch

Überleben im Beziehungsdschungel

Aus dem Amerikanischen
von Martin Bauer

Mit Illustrationen
von Brenda Brown

Ullstein

Schauen Sie doch mal unter www.worstcasescenarios.com nach!
Dort finden Sie weitere Survivaltipps, aktuelle Informationen und vieles mehr.
Man kann nie wissen ...

Ullstein Taschenbuchverlag
Der Ullstein Taschenbuchverlag ist ein Unternehmen der
Econ Ullstein List Verlag GmbH & Co. KG, München
Deutsche Erstausgabe
1. Auflage 2002
© 2002 für die deutsche Ausgabe by
Econ Ullstein List Verlag GmbH & Co. KG, München
© 2001 by Quirk Productions, Inc.
All rights reserved
Die Ratschläge und Anregungen in diesem Buch sind von den Autoren und dem Verlag sorgfältig erwogen und geprüft; dennoch kann eine Garantie nicht übernommen werden. Eine Haftung der Autoren bzw. des Verlages und seiner Beauftragten für Personen-, Sach- und Vermögensschäden ist ausgeschlossen.
Titel der amerikanischen Originalausgabe: *The Worst-Case Scenario Survival Handbook: Dating & Sex* (Chronicle Books, San Francisco, California)
Illustrationen: Brenda Brown
Übersetzung: Martin Bauer
Redaktion: Gabi Banas
Umschlaggestaltung: Thomas Jarzina, Köln
Titelabbildung: Mauritius, Mittenwald
Gesetzt aus der Adobe Caslon
Satz: KompetenzCenter, Düsseldorf
Druck und Bindearbeiten: Clausen & Bosse, Leck
Printed in Germany
ISBN 3-548-36357-1

Warnung

In Notfällen gibt es häufig keinen vernünftigen oder gefahrlosen Ausweg mehr.

Wir empfehlen Ihnen daher, sollten Sie in eine der in diesem Buch geschilderten Sex- oder Dating-Situationen geraten, die Situation genauestens einzuschätzen, bevor Sie handeln. Wir empfehlen dies nicht nur, wir bestehen darauf. Verhalten Sie sich verantwortungsbewusst, bringen Sie weder sich noch andere in Gefahr und brechen Sie keine Gesetze. Konsultieren Sie einen professionell geschulten Experten, Therapeuten oder Arzt, bevor Sie sich in Gefahr begeben. Natürlich wird nicht immer ein Experte zur Stelle sein, wenn die physische oder emotionale Gesundheit von Leuten bedroht ist. Wir haben daher Spezialisten aus den verschiedensten Bereichen um Rat gefragt, welche Methode sie persönlich in einer der beschriebenen Situationen anwenden würden. Der Verlag, die Autoren, der Übersetzer und alle beteiligten Experten übernehmen keinerlei Haftung für irgendwelche Verletzungen und Schäden (körperliche oder seelische), die aufgrund des sachgemäßen oder unsachgemäßen Gebrauchs der in diesem Buch enthaltenen Informationen entstehen. Wir garantieren nicht, dass all diese Ratschläge vollständig oder risikolos sind oder sich für die spezifische Situation eignen, in der Sie sich befinden mögen. Vor allem sollten unsere Tipps niemals den gesunden Menschenverstand und das persönliche Urteilsvermögen ersetzen. Das Buch sollte niemals als Rechtfertigung dafür ausgelegt werden, die Rechte anderer Menschen zu verletzen oder Gesetze zu brechen. Alle beschriebenen Handlungsanweisungen gelten ausschließlich für Beziehungen zwischen mündigen Erwachsenen und nur insoweit, als keine Gesetze übertreten werden. Denn es ist eine Sache, ein Herz zu brechen, doch eine völlig andere, das Gesetz zu brechen.

Die Autoren

Der Strom der treuen Liebe rann nie sanft.
William Shakespeare

Inhalt

Vorwort

In der Natur geht die Partnersuche recht einfach vonstatten: Tiere zeigen ihre Paarungsbereitschaft, indem sie ihr Gefieder spreizen, die Farbe ihres Hintern ändern oder bestimmte Laute von sich geben. Potenzielle Partner bekunden ihr Interesse und kämpfen dann mit anderen Bewerbern um das Recht, sich mit dem umworbenen Partner zu paaren. In der freien Wildbahn gibt es keine Singlebars, Kontaktanzeigen, Partnervermittlungen oder Blind Dates.

Bei Menschen ist es jedoch viel schwieriger, einen passenden Partner zu finden – und gefährlicher. Vom ersten Blickkontakt durch einen Raum voller Leute bis hin zum Ansprechen, Rendezvous, Ausziehen, Geschlechtsverkehr, Lieben oder Verlassen setzt man sich Risiken aus: Ihre Gesundheit, Ihr Herz, Geist, Ihre Lebensfreude und nicht zuletzt Ihr Bankkonto sind in Gefahr. Literatur und Liedtexte sagen alles: Liebe tut weh. Liebe ist blind. Liebe nervt. Liebe ist ein Schlachtfeld.

Fassen Sie daher dieses Buch als Leitfaden dafür auf, wie man diese Schlacht schlägt, überlebt und am Ende gewinnt.

Während des Verfassens des *Survival-Buchs* und des *Travel-Survival-Buchs* haben wir einiges darüber gelernt, wie man haarige Situationen überlebt. Wir haben gelernt, wie man sich aus der Schnauze eines Alligators befreit, einen Sprung von einer Brücke übersteht, Treibsand überwindet und eine ganze Reihe weiterer lebensbedrohlicher Situationen meistert.

Das war noch einfach.

Für das Überleben von Naturgewalten oder von Angriffen wilder Tiere lassen sich leicht Anweisungen geben. Egal, ob es sich um ein Erdbeben handelt, einen Haiangriff oder den Sprung aus einem fahrenden Auto: Erdbeben haben prinzipiell immer die gleichen Auswirkungen auf den Boden und auf Gebäude, Haie verhalten sich immer wie Haie und fahrende Autos gehorchen immer den gleichen Grundprinzipien der Physik.

Doch menschliches Verhalten ist viel weniger genau vorhersagbar als das von Mutter Natur.

Im Liebesleben muss man vielleicht besser als in jedem anderen Bereich des Lebens damit umgehen können, wenn die Dinge anders laufen als geplant. Wenn Sie zu sorglos sind, den Kopf verlieren, das Falsche tun oder sagen oder das Richtige zum falschen Zeitpunkt tun, könnte das fürchterliche emotionale Konsequenzen haben, Ihr Leben zerstören oder ein neues Leben entstehen lassen. Dieses Buch hilft Ihnen dabei, auf der sicheren Seite zu bleiben.

Es gibt tausende Bücher darüber, wie man den Richtigen/die Richtige findet. Doch nur dieses Buch verrät Ihnen auch, wie Sie von dem/der Falschen loskommen. Lernen Sie von uns, wie man Axtmörder erkennt, sich aus einem schief gelaufenen Rendezvous stiehlt, sich aus der Affäre zieht, wenn die Kreditkarte zurückgewiesen wird, einen Orgasmus vortäuscht, Brustimplantate und Toupets erkennt und komplizierte Kleidungsstücke auszieht. Das *Sex-und-Dating-Survival-Buch* kann den Abend und Ihr Liebesleben retten.

Wieder einmal haben wir ein Expertenteam zusammengebracht, um Ihnen wirklich nützliche Ratschläge und Tipps zu geben, was man tun muss, wenn schöne

Rendezvous (und gute Beziehungen) plötzlich schief zu gehen drohen. Wir haben uns mit Sextherapeuten beraten, mit Lehrern von Benimm-Kursen, CIA- und FBI-Agenten, Anwälten, Barmännern, Psychologen, Erste-Hilfe-Lehrern, Ernährungswissenschaftlern, Collegedozenten, Frisören, Modeberatern, Dermatologen und Dutzenden anderen Fachleuten. Sie alle haben uns großzügig ihr Wissen und ihre Erfahrung zur Verfügung gestellt, damit Sie allen Fallen bei Verabredungen und beim Sex entgehen, die wir in diesem Buch schildern.

Wir werden Ihnen zeigen, wie Sie Dutzende für Körper oder Geist gefährliche Situationen in Bars, Restaurants, Schlafzimmern und Flugzeugtoiletten überleben. Im praktischen Anhang finden Sie Ausreden, die sie vielleicht vorschieben wollen, Anmachsprüche, die Sie besser vermeiden sollten, und ein kleines Lexikon der Körpersprache – damit Sie wissen, ob Sie einen Zahn zulegen oder sich schnellstens in Sicherheit bringen sollten.

Für dieses Buch haben wir ein zusätzliches Mitglied in unser Autorenteam aufgenommen: eine Frau, um sicherzustellen, dass wir nichts Wichtiges vergessen. Aus Gründen der Einfachheit verwenden wir innerhalb der einzelnen Szenarien jeweils »er« oder »sie«, aber Sie werden selbst merken, wenn ein Szenario auf Ihre Situation zutrifft. Und selbst wenn nicht: Lesen Sie den entsprechenden Abschnitt trotzdem; vielleicht können Sie einem Freund mit Ihrem Wissen weiterhelfen.

Gehen Sie also aus, amüsieren Sie sich, und nehmen Sie dieses Buch immer mit. Man kann ja nie wissen …

Joshua Piven, David Borgenicht, Jennifer Worick

Kapitel 1

Defensives Dating

Erkennen eines Axtmörders

1. **Achten Sie auf folgende Warnzeichen:**
   - Ihr Date ist ein weißer Mann zwischen zwanzig und vierzig.
   - Er ist von Feuer oder Streichhölzern ganz besessen.
   - Er quält Tiere.
   - Er war Bettnässer.
   - Er wurde als Kind sexuell missbraucht.
   - Er stammt aus mittleren Verhältnissen und zeigt Einzelgänger-Verhalten.
   - Er hat Schwierigkeiten, länger dauernde Beziehungen aufrechtzuerhalten.

   Jeder Mann, der mehr als drei dieser Bedingungen erfüllt, könnte gefährlich sein.

2. **Vertrauen Sie Ihrer Intuition.**
   Ihr Instinkt ist eine mächtige Waffe. Wenn Ihnen etwas faul vorkommt, dann ist dem vielleicht auch so.

3. **Finden Sie mehr über ihn heraus.**
   Erkundigen Sie sich bei Freunden oder Bekannten über Ihr Date, ob ihnen z. B. etwas Merkwürdiges aufgefallen ist. Schalten Sie eventuell einen Privatdetektiv ein.

4. **Brechen Sie die Beziehung sofort ab, sollte Ihnen etwas verdächtig vorkommen.**
   Machen Sie eindeutig klar, dass Ihre Entscheidung endgültig ist. Geben Sie alle seine Geschenke und Sachen zurück. Versprechen Sie nicht, sich wieder zu melden. Seien Sie offen und freundlich, sprechen Sie

nur über sich selbst und darüber, warum die Beziehung Ihnen nichts mehr bringt. Geben Sie ihm keine Schuld. Versuchen Sie, ihn nicht zu reizen.

5. **Ergreifen Sie Maßnahmen zu Ihrem Schutz.**
   - Nehmen Sie überallhin ein Handy mit.
   - Installieren Sie eine Alarmanlage.
   - Ändern Sie Ihre Telefonnummern.
   - Halten Sie sich in belebten, gut beleuchteten Gegenden auf.
   - Weihen Sie einen Freund oder Verwandten in Ihre Angst ein.
   - Dokumentieren Sie alle seltsamen oder ungewöhnlichen Vorkommnisse.
   - Besuchen Sie einen Selbstverteidigungskurs.

Axtmörder sind in der Regel weiße Männer zwischen zwanzig und vierzig. Oft quälen sie Tiere und sind von Feuer oder Streichhölzern besessen.

Entlarven von Verheirateten

❶ **Sehen Sie sich den linken bzw. rechten Ringfinger genau an.**
Nach etwa einem Jahr hinterlässt ein Ehering einen Streifen hellerer Haut am Ringfinger. Möglicherweise fasst sich Ihr Date oft unbewusst an den Ringfinger, als würde dort etwas fehlen.

❷ **Bitten Sie um eine private Telefonnummer.**
Die meisten Leute in ernsthaften Beziehungen telefonieren mindestens ein, zwei Stunden pro Woche miteinander. Sträubt Ihr Date sich, Ihnen eine private Telefonnummer zu geben, so fürchtet er wahrscheinlich, jemand anderes könnte ans Telefon gehen.

❸ **Bestehen Sie darauf, in der Öffentlichkeit Händchen zu halten.**
Wenn Ihr Date sich für Sie interessiert und sich zu Ihnen hingezogen fühlt, wird er eine so kleine und alltägliche Liebesbezeugung nicht verweigern – außer er hat Angst, von Bekannten gesehen zu werden.

❹ **Durchsuchen Sie das Auto Ihres Dates.**
Möglicherweise ist das Auto auf seine Frau zugelassen (viele Leute bewahren Fahrzeugpapiere im Handschuhfach, hinter der Sonnenblende oder im unbenutzten Aschenbecher auf). Suchen Sie nach Hinweisen auf eine Frau (Kleidungsstücke, Make-up) oder ein Kind (Schnuller, Kekskrümel, Spielzeug), die Ihr Date vielleicht zu erwähnen vergessen hat.

5 Bitten Sie darum, einige seiner Freunde kennen zu lernen.
Eine solche Bitte ist nach zwei oder drei Verabredungen keinesfalls unüblich. Behauptet Ihr Date, seine Freunde seien weiterhin eng mit seiner Exfrau verbunden, oder meint, es sei noch zu früh, Sie in seine Umgebung einzuführen, dürfen Sie mit gutem Grund annehmen, nicht die einzige Frau in seinem Leben zu sein.

6 Bitten Sie ihn, die ganze Nacht zu bleiben.
Wenn Sie schon ein paar Mal miteinander geschlafen haben, Ihr Date sich aber weigert, die ganze Nacht bei Ihnen zu verbringen, dann wartet daheim wahrscheinlich jemand auf ihn.

7 Planen Sie ein gemeinsames Wochenende.
Sie sollten misstrauisch werden, wenn Sie Ihr Date nie an Samstagen oder Sonntagen zu Gesicht bekommen. Vielleicht behauptet er, seine Wochenenden bei seinen Eltern oder Kindern zu verbringen. Aber wenn er sich wirklich etwas aus Ihnen macht und seine Eltern/Kinder tatsächlich so nett sind, wie er immer sagt, haben die sicher Verständnis dafür, dass Sie mitkommen und Ihr Partner ein Wochenende auch mal mit Ihnen verbringt.

8 Bitten Sie darum, seine Kinder kennen zu lernen.
Vielleicht hat Ihr neuer Partner gute Gründe, Sie zu Anfang einer Beziehung nicht gleich seinen Kindern vorzustellen (um etwa keine falschen Hoffnungen auf eine Ersatzmami aufkommen zu lassen, bevor die Beziehung nicht ernsthafter geworden ist). Allerdings könnte seine Weigerung auch daher rühren, dass er mit der Kindsmutter noch verheiratet ist.

Achtung!
Misstrauen Sie Liebhabern, die nie Briefe oder E-Mails schicken und Grußkarten nur mit einem Spitznamen, einer Initiale oder einem Kosenamen unterschreiben. Möglicherweise versucht diese Person bewusst, keinerlei schriftliche Spuren zu hinterlassen. Sie sollten auch hellhörig werden, wenn Ihr Partner große Ausgaben immer bar bestreitet, nie mit Kredit- oder EC-Karte (siehe auch »Fremdgehen, ohne erwischt zu werden«, Seite 143).

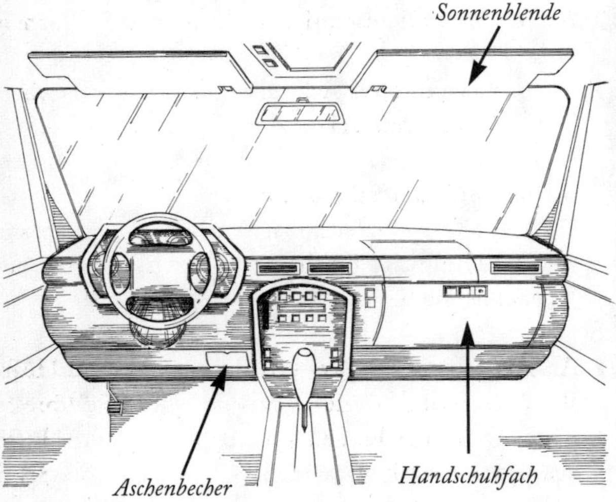

Durchsuchen Sie das Auto Ihres Dates. Vielleicht finden Sie in den Fahrzeugpapieren den Namen der Ehefrau.

Entlarven von Transvestiten

1. **Betrachten Sie ihre (oder seine) Hand.**
Vergleichen Sie die Länge von Zeige- und Ringfinger. Bei Männern ist der Ringfinger meist deutlich länger als der Zeigefinger, während bei Frauen diese beiden Finger in etwa gleich lang sind. Der Unterschied wird vermutlich durch das Testosteron verursacht. Achten Sie auch darauf, wie viel Haar auf den Knöcheln, Händen und Unterarmen Ihres Dates wächst (oder ob Sie Spuren einer Haarentfernung entdecken). Die meisten Männer haben auffällige, dunkle Haare an Händen, Handgelenken und manchmal auch Knöcheln.

2. **Fassen Sie weit geschnittene Kleidung als Warnsignal auf.**
Möglicherweise versucht Ihr Date, verräterische Ausbeulungen zu verstecken.

3. **Suchen Sie nach einem Adamsapfel.**
Die meisten Männer haben eine deutlich hervorstehende Wölbung am Kehlkopf – im Gegensatz zu den meisten Frauen.

4. **Achten Sie auf die Breite von Schultern und Hüften.**
Bei Männern sind die Schultern tendenziell breiter als die Hüften, bei Frauen sind Schultern und Hüften in etwa gleich breit. Lassen Sie sich nicht von Schulterpolstern täuschen.

5. **Gehen Sie hinter Ihrem Date eine Treppe hinauf.**
Beobachten Sie, wie sie (bzw. er) sich dabei bewegt.

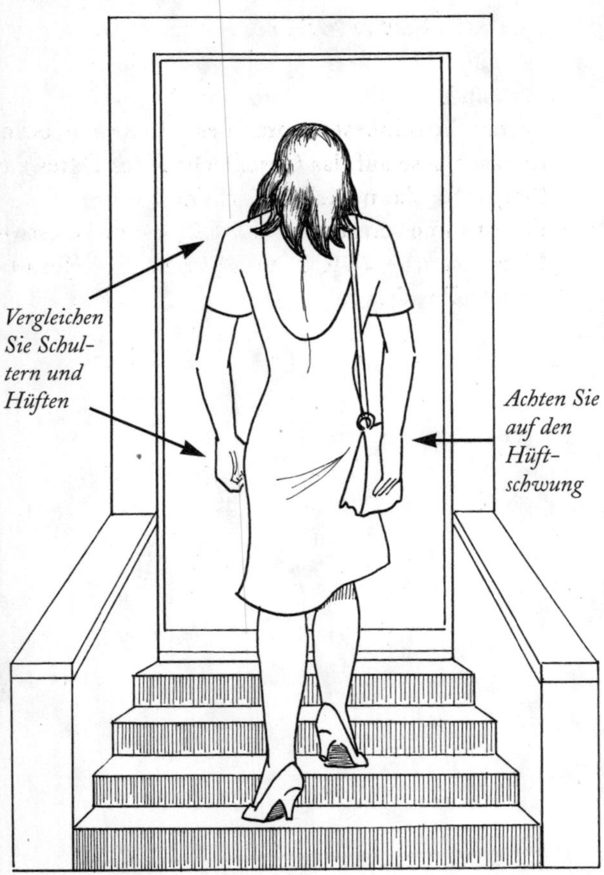

Bei Männern sind die Schultern tendenziell breiter als die Hüften, bei Frauen sind Schultern und Hüften in etwa gleich breit. Beim Treppensteigen »schwanken« Frauen tendenziell mehr als Männer.

Männer schreiten meist gerade aus, ohne die Hüfte zu schwingen. Frauen »schwanken« oft ein bisschen hin und her, wegen der Position ihrer Hüftgelenke. Meist beugen sich Frauen auch leicht nach vorn.

Achtung!

- Prüfen Sie mindestens drei dieser Kriterien, bevor Sie Rückschlüsse auf das Geschlecht Ihres Dates ziehen. Planen Sie dann nach Bedarf um.
- Die Stimme verrät oft nicht viel über das Geschlecht. Meist ist eine tiefe Frauenstimme das Resultat zu starken Rauchens.

Erkennen einer Betrügerin

❶ **Achten Sie auf folgende Warnzeichen:**

- Hat Ihr Date schon mehrere Verabredungen platzen lassen?
- Ändert sie die Zeitpunkte für ein Treffen oft in letzter Minute?
- Bekommt sie oft Telefonanrufe, die sie nicht erklärt?
- Weigert sie sich, über ihre Vergangenheit zu reden?
- Kennen Sie nur ihren Vor- oder Familiennamen?
- Sträubt sie sich dagegen, Ihre Familie kennen zu lernen?
- Hat sie keinerlei Bindungen zu Ihrem Umfeld (Gemeinde, Freunde, Kollegen)?
- Hat sie Sie je um einen kurzfristigen Kredit gebeten oder Ihnen eine Investition vorgeschlagen?
- Ändert sie oft ihre Geschichten und Behauptungen?

Lautet die Antwort auf diese Fragen öfter als dreimal »ja«, dann gehen Sie möglicherweise mit einer Betrügerin (oder einer krankhaften Lügnerin) aus.

❷ **Beobachten Sie die Bewegung der Augen Ihres Dates während des Gesprächs.**
Die meisten Leute blicken nach rechts, wenn sie sich an wahre Begebenheiten erinnern. Nach links blicken sie, wenn sie die Vergangenheit »verschönern« oder neu erfinden. Stellen Sie ihr eine Frage nach ihrer Vergangenheit und beobachten Sie die Bewegung ihrer Augen.

❸ **Finden Sie heraus, mit wem Sie es zu tun haben.**
Erkundigen Sie sich bei Freunden oder Bekannten über

Die meisten Leute blicken nach rechts, wenn sie sich an wahre Begebenheiten erinnern. Nach links blicken sie, wenn sie die Vergangenheit »verschönern« oder neu erfinden.

Ihr Date. Besuchen Sie sie zu Hause und achten Sie auf Anzeichen, ob sie schon länger dort wohnt. Versuchen Sie, eventuell mit ihren Nachbarn ins Gespräch zu kommen. Höchste Vorsicht ist geboten, wenn niemand etwas über sie zu wissen scheint und sie erst kürzlich eingezogen ist. Fragen Sie Ihr Date, wo sie arbeitet, und überprüfen Sie die Angaben. Falls danach immer noch Zweifel bestehen, könnten Sie einen Privatdetektiv einschalten.

❹ **Hören Sie auf Ihre Intuition.**
Wenn Ihnen Zweifel gekommen sind, dann wahrscheinlich nicht von ungefähr.

❺ **Schützen Sie sich.**
Machen Sie eine genaue Aufstellung all Ihrer Kreditkarten, Bankkonten und anderen Vermögenswerte. Wenn Sie die Beziehung abbrechen und die Betrügerin sich in einer verzweifelten Situation befindet, wird sie unter Umständen versuchen, Sie zu bestehlen. Beantragen Sie neue Kreditkarten, ändern Sie alle Zugangscodes für E-Mail, Telefon-Mailbox, Alarmanlage, Konten und EC-Karten. Tauschen Sie notfalls Ihre Schlösser aus.

Abwehr eines hartnäckigen Exfreunds

❶ Machen Sie eindeutig und endgültig klar, dass die Beziehung zu Ende ist.
Geben Sie Ihrem Ex keine Chance, Sie zu manipulieren oder zu verhandeln. Lehnen Sie alle Bitten nach einem Rendezvous oder einem »Treffen als Freunde« ab, nehmen Sie keinerlei Gefälligkeiten an. Machen Sie deutlich, dass Sie allein gelassen werden wollen. Achten Sie darauf, dass Ihre Körpersprache die gleiche Botschaft vermittelt. Berühren Sie Ihren Ex nicht, während Sie alle seine Bitten ablehnen, sehen Sie ihm aber fest in die Augen.

❷ Lassen Sie sich auf keine Diskussion über die Vergangenheit ein.
Erwähnen Sie nie die guten Zeiten, die Sie miteinander hatten. Sprechen Sie stattdessen begeistert davon, wie gut es Ihnen jetzt geht, und machen Sie klar, dass Sie dieses Kapitel abgeschlossen haben.

❸ Brechen Sie sofort alle Verbindungen zu ihm ab.
Geben Sie alle Dinge, die Ihrem Ex gehören (auch seine Geschenke) auf einmal zurück. Verzögern Sie dies nicht. Lassen Sie sich eine neue (geheime) Telefonnummer geben, wenn Ihr Ex weiter anruft. Rufen Sie ihn nicht an, schicken Sie ihm keine Karten, Briefe oder E-Mails. Denn damit würden Sie widersprüchliche Signale geben und ihm unberechtigte Hoffnungen auf eine Aussöhnung machen.

4. **Warnen Sie Ihren Ex unmissverständlich, wenn er Sie nicht in Ruhe lässt.**
Verkünden Sie beim ersten Anzeichen, dass er Ihnen nicht zuhört, dass Sie Maßnahmen ergreifen werden, wenn er Sie weiter belästigt. Drohen Sie damit, sich an die Polizei zu wenden – seien Sie aber auch entschlossen, Ihre Drohung tatsächlich wahr zu machen. Geben Sie keinem Druck nach, den er eventuell auf Sie ausübt.

5. **Informieren Sie Ihre Familie, Freunde und Kollegen über die Situation.**
Es kann abschreckend wirken, wenn Sie in Gesellschaft großer, starker Freunde gesehen werden.

6. **Sammeln Sie Beweise.**
Möglicherweise brauchen Sie später Beweise. Sammeln Sie also alle relevanten Briefe, Notizen, E-Mails und Nachrichten auf dem Anrufbeantworter, um eine Belästigung im Zweifelsfall auch belegen zu können. Halten Sie in einem Tagebuch fest, inwiefern Ihr Ex Sie jeden Tag belästigt, und melden Sie jede gesetzeswidrige Handlung sofort der Polizei.

7. **Benachrichtigen Sie die Polizei.**
Lassen Sie sich auf keinen Fall aus Angst vor Racheakten davon abhalten, Ihren Ex bei der Polizei zu melden. Wenn die Polizei auch nur wenig tun kann, bevor Ihr Ex tatsächlich eine Straftat begeht, könnte ein ernstes Wort eines Polizeibeamten mit Ihrem Ex doch einiges bewirken.

8. **Ziehen Sie um.**
Tun Sie alles Erdenkliche, um Ihre neue Adresse geheim

zu halten. Lassen Sie Ihre Post zu einem Postfach umleiten und nehmen Sie keine Pakete an, deren Absender Sie nicht kennen.

❾ **Ergreifen Sie Maßnahmen, um Ihre Sicherheit zu gewährleisten.**
Schaffen Sie sich ein Handy an und nehmen Sie es überall mit hin. Überlegen Sie sich, ob Sie einen Wachhund kaufen und/oder einen Selbstverteidigungskurs belegen sollen.

Achtung!

Informieren Sie Ihre Kollegen über die Situation, falls Ihr Ex an Ihrer Arbeitsstelle aufkreuzen sollte. Variieren Sie die Zeiten, zu denen Sie kommen und gehen. Lassen Sie sich in der Nähe Ihrer Arbeitsstätte möglichst von jemandem begleiten.

Abwehr eines Aufreißers

❶ **Achten Sie auf Verhaltensweisen, die einen Aufreißer verraten.**
Ist Ihr Verehrer außerordentlich charmant und großzügig? Scheint er sofort einen Draht zu Ihnen zu finden? Lässt er seine Blicke durch den Raum schweifen, während er mit Ihnen spricht? Redet er Sie vertraulich oder abschätzig mit »Süße«, »Baby« oder »Schätzchen« an?

❷ **Nehmen Sie keine Drinks an.**
Dadurch würden Sie ihn nur ermutigen und ihm das Gefühl geben, ein Anrecht auf Ihre Aufmerksamkeit zu haben.

❸ **Geben Sie ihm keine persönlichen Informationen.**
Verraten Sie ihm nicht Ihren Namen, sagen Sie ihm nicht, wo Sie wohnen, wen Sie erwarten oder sonst irgendetwas, das ihm Einblick in Ihr Privatleben gibt.

❹ **Machen Sie klar, dass Sie nicht interessiert sind.**
Äußern Sie sich direkt und bestimmt. Werden Sie unhöflich oder gehen Sie, wenn er Sie auch weiterhin nicht in Ruhe lässt. Er wird sich schnell andere Opfer suchen, wenn Sie ihm unmissverständlich klarmachen, dass er bei Ihnen keine Chance hat.

❺ **Wenden Sie sich ab und ignorieren Sie ihn.**
Reden Sie mit einem Freund oder der Person, die auf Ihrer anderen Seite sitzt. Aufreißer lieben vor allem die Jagd. Beenden Sie die Jagd, und er wird sich anderswo umsehen.

Der Ellbogen-Schubser: Drehen Sie sich zu Ihrem Aufreißer um und stoßen Sie dabei mit dem Ellbogen das Glas um.

Der Blick auf die Uhr: Drehen Sie Ihr Handgelenk, um die Uhrzeit abzulesen, und kippen Sie dabei Ihren Drink über den Aufreißer.

6. **Arrangieren Sie einen »Unfall«.**
   - Der Ellbogen-Schubser: Wenden Sie diese Technik an, wenn Sie an einer Bar oder einem Tisch sitzen. Merken Sie sich, wo Gläser und Teller stehen, wenden Sie sich ab, um mit einem Freund zu sprechen oder sehen Sie einfach weg. Bringen Sie Ihren Ellbogen in Position. Wenn Sie sich dann zurückdrehen, können Sie mit dem Ellbogen Gläser und Teller umschubsen und deren Inhalt über den Aufreißer verschütten.
   - Der Haare-Trick: Heben Sie Ihre Hand, um Ihr Haar zu ordnen, während Sie dem Aufreißer zugewendet stehen. Führen Sie die Bewegung schnell genug aus, wird der Aufreißer versuchen sein Glas in Sicherheit zu bringen und sich dabei bekleckern.
   - Der Blick auf die Uhr: Halten Sie Ihren Drink in der linken Hand. Sagen Sie »Ist es schon … Uhr?«, und drehen Sie dabei Ihr Handgelenk so, dass Sie die Uhrzeit ablesen können. Dabei kippen Sie Ihren Drink über den Aufreißer.

7. **Entschuldigen Sie sich unaufrichtig.**

Bremsen eines zu stürmischen Verehrers

❶ **Achten Sie auf Zeichen dafür, dass Ihr Date sich schneller als Sie in eine Beziehung stürzen will.**
Fängt Ihr Date plötzlich an, vom Zusammenziehen, Kinderkriegen oder von Heirat zu reden, Sie aber noch nicht so weit sind, dann haben Sie wahrscheinlich ein Problem.

❷ **Ermahnen Sie Ihr Date, es langsam anzugehen.**
Vermitteln Sie eine klare, eindeutige Botschaft. Manchmal können Sie Ihre Gefühle auch in einem scherzhaften Ton klarmachen, sollte Ihr Date aber diese sanften Hinweise nicht verstehen, müssen Sie es deutlicher ausdrücken: Sagen Sie ihm, dass Sie finden, er überstürze die Sache, und dass Sie beide auch Zeit mit anderen Leuten verbringen sollten.

❸ **Lassen Sie sich auf maximal ein Date pro Woche ein.**
Keinesfalls sollten Sie einen gemeinsamen Wochenendtrip planen.

❹ **Sprechen Sie über frühere Beziehungen.**
Finden Sie heraus, was er in früheren Beziehungen gesucht hat. Jemand, der überstürzt vorgeht, hat vielleicht gerade erst eine Partnerin verloren, die er jetzt ersetzen will. Vergewissern Sie sich, dass er Sie nicht einfach als Ersatzfrau benutzt, mit der er Dinge (Hauskauf) verwirklichen will, mit denen Sie im Vorfeld nichts zu tun hatten.

❺ Lassen Sie sich auf keinerlei Diskussion über die Zukunft Ihrer Beziehung ein.

Wenn Sie weiter mit der betreffenden Person ausgehen wollen, aber noch keine ernsthaften Pläne haben, sollten Sie ihm vorschlagen, zu einem genau festgelegten Zeitpunkt über die Zukunft der Beziehung zu sprechen, nachdem Sie mehr Zeit miteinander verbracht haben.

❻ Tappen Sie nicht in die Falle des Geschmeichelt-Seins.

Wenn jemand sich sofort in eine ernsthafte Beziehung stürzen will, ist er vielleicht nur einsam oder unfähig, allein zu sein. Wahrscheinlich fühlen Sie sich durch die Ernsthaftigkeit seines Anliegens geschmeichelt, doch oft hat seine Entschlossenheit nichts mit Ihnen zu tun. Vielleicht will er einfach nur mit irgendjemandem zusammen sein.

Verhindern von unerwünschten öffentlichen Gefühlsbezeugungen

Oft versuchen Verehrer, die sich schneller in eine Beziehung stürzen wollen als Sie, die Beziehung durch öffentliche Gefühlsbezeugungen (Händchenhalten, Griff um die Taille usw.) voranzutreiben. Dabei nehmen sie keine Rücksicht darauf, ob Sie, Ihre Freunde oder Umstehende dadurch in Verlegenheit gebracht werden. Am besten sagen Sie es, wenn Ihnen eine Gefühlsbezeugung unrecht ist. Falls Sie aber die peinliche Situation fürchten, können Sie auch auf folgende Techniken zur Abwehr von unerwünschten öffentlichen Gefühlsbezeugungen zurückgreifen:

- Händchenhalten: Versucht Ihr Date Ihre Hand zu halten, sollten Sie ihm das einige Minuten lang gestatten und die Hand dann wegziehen, um sich das Haar zu ordnen. Lassen Sie danach Ihren Arm wieder herunterhängen, ergreifen Sie aber nicht seine Hand. Alternative: Täuschen Sie ein Niesen vor, um Ihre Hand zu befreien.
- Küsse: Treten Sie einen Schritt zurück, wenn Ihr Date zu stürmisch wird, und behaupten Sie, eine Erkältung zu haben. Das sieht danach aus, als seien Sie um die Gesundheit und das Wohlbefinden Ihres Verehrers besorgt. Alternative: Niesen oder husten Sie ihn an.
- Seine Hand in Ihrer hinteren Hosentasche: Ziehen Sie seine Hand aus Ihrer Hosentasche, vielleicht mit einem koketten Satz wie »Warte, bis wir zu Hause sind«. Alternative: Stecken Sie prophylaktisch andere Dinge in die Tasche – eine Geldbörse, einen zusammengefalteten Schal, ein Brillenetui o. ä.

Mit einem Brillenetui oder einer Geldbörse in Ihrer hinteren Hosentasche verhindern Sie möglicherweise eine unerwünschte öffentliche Gefühlsbezeugung.

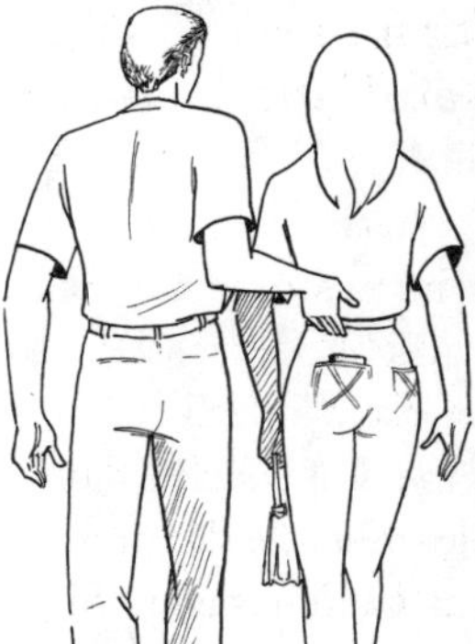

Flucht aus einem schief gelaufenen Rendezvous

Täuschen Sie einen Notfall vor

1 Stehen Sie vom Tisch auf.
Erzählen Sie Ihrem Date, Sie gingen auf die Toilette, um sich frisch zu machen. Nehmen Sie Ihr Handy mit. Wenn Sie keines haben: Erkundigen Sie sich bei einem Kellner, ob Sie vom Restauranttelefon aus anrufen dürfen. Achten Sie darauf, dass Ihr Date nichts davon mitbekommt. Denken Sie daran, sich die Telefonnummer des Restaurants zu besorgen.

2 Rufen Sie einen Freund oder Verwandten an und bitten Sie um Hilfe.
Sagen Sie ihm, er solle Sie anrufen (entweder auf dem Handy oder über die Telefonnummer des Restaurants) und so tun, als wäre ein Notfall eingetreten. Glaubwürdige Notfälle sind:

- Persönlich: »Meine beste Freundin hat sich gerade von ihrem Mann getrennt. Es geht ihr schlecht – ich muss leider weg.«
- Geschäftlich: »Meine Chefin hat gerade angerufen. Sie muss einen Vortrag halten und hat ihre Unterlagen vergessen. Ich muss sie ihr sofort schicken.«
- Gesundheitlich: »Meine Schwester hat gerade angerufen. Meine Großmutter ist krank und allein.«

3 Verschwinden Sie schnell, bevor Ihr Date protestieren kann.

Entschuldigen Sie sich, lehnen Sie aber jedes Angebot, Sie zu begleiten, ab. Wenn Sie nur schnell und resolut genug verschwinden, hat Ihr Date keine Zeit zu begreifen, was los ist, oder Einwände vorzubringen.

Heimlicher Abgang

1. **Lokalisieren Sie eine Fluchtmöglichkeit.**
Beobachten Sie Ihre Umgebung, registrieren Sie die Ausgänge, vor allem die Hinterausgänge. Suchen Sie den besten Fluchtweg und eine Alternative.

2. **Überlegen Sie, wie Sie am besten Ihre Erscheinung verändern können.**
Stellen Sie fest, was Ihre markantesten Merkmale sind und wie Sie diese am besten verstecken oder verändern könnten. Derjenige, den Sie verlassen, wird jemanden in der Ferne verschwinden sehen und vielleicht genauer hinsehen. Wenn er Sie nicht gut kennt oder nicht attraktiv findet, wird er keinen zweiten Blick auf Sie verschwenden.

3. **Stehen Sie vom Tisch auf.**
Gehen Sie zur Toilette oder an einen anderen abgelegenen Ort mit einem Spiegel. Verändern Sie dort Ihre Erscheinung, aber beeilen Sie sich: Ihr Date erwartet Sie nach zwei, drei Minuten zurück und könnte sich danach auf die Suche nach Ihnen machen.

4. **Ziehen Sie Kleidungsstücke an bzw. aus.**
Lose fallende Kleidungsstücke verändern Ihre Körperkonturen und erwecken vielleicht sogar den Eindruck, Sie seien ein Mann. Ein langer Mantel verhüllt Ihre

Figur. Besonders nützlich sind Hüte, weil sie Haare und Gesicht verdecken. Auch Brillen wirken – abgenommen bzw. aufgesetzt – Wunder. Eine Einkaufstüte dient als praktische Requisite (und als Behältnis für abgelegte Kleidungsstücke).

❺ **Verändern Sie Gang und Haltung.**
Gehen Sie langsam, wenn Sie normalerweise schnell gehen. Gehen Sie leicht gebückt, wenn Sie sonst sehr gerade gehen. Verändern Sie Ihren Gang, indem Sie einen Kieselstein in einen Schuh stecken oder ein Knie mit einem Stück Stoff bandagieren.

❻ **Schminken Sie sich bzw. entfernen Sie Ihr Make-up.**
Lippenstift kann die Form Ihres Mundes verändern, die Farbe von Wangen und Nase betonen und sogar die Augen müde aussehen lassen (wenn Sie ihn auf die Augenlider tupfen und verreiben). Mit einem Augenbrauenstift können Sie Falten oder Gesichtsbehaarung vortäuschen und die Form Ihrer Augen und Brauen verändern.

❼ **Verändern Sie Ihre Frisur oder Haarfarbe.**
Ein Haarband, Haarspray, Wasser oder eine beliebige klebrige Substanz helfen Ihnen dabei, Ihre Frisur zu verändern, Ihr Haar dunkler aussehen zu lassen oder den Haaransatz zu verschieben. Leihen Sie sich in der Küche Mehl, um Ihr Haar heller oder grau zu färben.

❽ **Schlüpfen Sie in eine andere Rolle.**
In vielen Restaurants tragen die Kellner Schürzen und Tabletts. Wenn es Ihnen gelingt, sich diese Utensilien zu verschaffen, und Sie zusätzlich eine Brille auf- bzw.

Setzen Sie Ihre Brille auf bzw. ab. Krempeln Sie Ihre Ärmel hoch bzw. runter, stecken Sie Ihre Bluse in den Bund bzw. lassen Sie sie draußen. Verändern Sie Ihre Frisur.

absetzen und ihre Frisur verändern, werden Sie unbemerkt aus dem Restaurant in die Küche und von dort durch die Hintertür entwischen können. Oder spielen Sie eine Aushilfe: Schnappen Sie sich eine Topfpflanze der richtigen Größe und spazieren Sie einfach zum Vordereingang hinaus. Niemand wird sich dabei etwas denken.

9. **Verschwinden Sie.**
Sehen Sie dabei Ihr Date nicht an.

Flucht aus dem Fenster

Wenn Sie nicht glauben, Ihre Erscheinung so weit verändern zu können, um unbemerkt an Ihrem Date vorbeizuschlüpfen, brauchen Sie einen anderen Ausweg. Hintertüren bieten die einfachste Möglichkeit; sie befinden sich oft nahe den Toiletten und sind als Notausgänge gekennzeichnet. Öffnen Sie eine alarmgesicherte Fluchttür aber nur, wenn Ihnen nichts anderes mehr übrig bleibt, denn der Alarm sorgt für Aufruhr. Gibt es keine zugänglichen Fluchttüren, bleibt Ihnen nur der Weg durch ein Fenster.

1. **Lokalisieren Sie ein geeignetes Fenster.**
Suchen Sie nach einem Fenster, das groß genug und unvergittert ist. Am besten eignen sich Toilettenfenster. Achten Sie auch darauf, dass Sie hinter dem Fenster auch weiter kommen.

2. **Versuchen Sie, das Fenster zu öffnen.**
Zerschlagen Sie die Scheibe nicht sofort, egal wie dringend Sie entkommen wollen.

❸ Seien Sie darauf vorbereitet, im Notfall die Scheibe einschlagen zu müssen.

Warten Sie, bis Sie unbeobachtet sind. Verschließen Sie nach Möglichkeit die Toilettentür.

Zielen Sie mit einem geeigneten Gegenstand auf die Mitte der Scheibe.

❹ **Suchen Sie einen Gegenstand, um damit die Scheibe einzuschlagen.**
Versuchen Sie das Glas möglichst nicht mit Ellbogen, Faust oder Fuß einzuschlagen. Benutzen Sie Gegenstände wie zum Beispiel

- Mülleimer
- Toilettenbürste
- Hand- oder Aktentasche
- Papierhandtuchspender

❺ **Zielen Sie mit einem geeigneten Gegenstand auf die Mitte der Scheibe.**
Falls Sie dabei mit der Hand näher als dreißig Zentimeter an die splitternde Scheibe herankommen sollten, müssten Sie sie vor dem Schlag mit einer Jacke oder einem Pullover umwickeln. Schlagen Sie mit der dick umwickelten Hand zu, wenn kein Gegenstand verfügbar ist. Denken Sie daran, auch Ihren Arm zu schützen, bis über den Ellbogen hinaus.

❻ **Entfernen Sie die restlichen Glasscherben.**
Schützen Sie Ihre Hand mit Jacke oder Pullover, bevor Sie das Glas entfernen.

❼ **Fliehen Sie.**
Kümmern Sie sich nicht um kleinere Kratzer oder Schnitte. Rennen Sie!

Vergraulen des Dates

❶ **Sagen Sie etwas Beleidigendes.**
Machen Sie ungehörige Bemerkungen über Religion, Abstammung o. ä. Ihres Dates.

❷ **Benehmen Sie sich daneben.**
Tun Sie etwas, das Ihr Gegenüber unattraktiv oder geschmacklos finden wird: Schmatzen Sie, essen Sie mit den Fingern, fangen Sie mit dem Kellner Streit an, schließen Sie Ihre Augen und geben Sie vor zu schlafen, zünden Sie Streichhölzer an und lassen Sie sie auf Ihren Teller fallen, ignorieren Sie alles, was Ihr Date sagt und/oder telefonieren Sie auf Ihrem Handy.

❸ **Verladen Sie Ihr Date.**

- Sagen Sie ihm, Sie wollten in einen bestimmten Nachtklub gehen, der außerordentlich beliebt sei. Deswegen müsse man sich rechtzeitig (z. B. in einer Viertelstunde) anstellen, um noch hineinzukommen. Flunkern Sie weiter, dass ein Freund versprochen hätte, im Restaurant vorbeizukommen und Gästeausweise mitzubringen. Diese nützten jedoch nichts, wenn das Date nicht sofort vorausfahre und sich in der Schlange anstelle. Geben Sie Ihrem Date Ihre Handynummer, wenn er darum bittet, verändern Sie aber eine Zahl. Versprechen Sie ihm, innerhalb einer halben Stunde nachzukommen. Versetzen Sie ihn.
- Täuschen Sie einen allergischen Anfall vor und bitten Sie Ihr Date inständig, ein rezeptfreies Antiallergikum zu besorgen. Erklären Sie, Sie seien gegen irgendetwas im Drink/Essen/Taxi allergisch und bräuchten jetzt schnell Ihre Medizin, sonst würden sich überall Pusteln bilden. Verschwinden Sie, sobald Ihr Date losgegangen ist.

Achtung!

Ein Blind Date ist die riskanteste Form, sich zu verabreden. Überprüfen Sie einen potenziellen Verehrer am besten genau, bevor Sie sich mit ihm treffen.

- Bitten Sie eine Freundin, Ihr Date in Augenschein zu nehmen, bevor Sie das Restaurant/die Bar betreten. Die Freundin taxiert Ihr Date und ruft Sie dann von ihrem Handy aus an. Sie sitzen in einer nahe gelegenen Bar und warten auf grünes Licht von ihr.
- Rufen Sie Ihr Date sofort an und sagen Sie das Treffen ab, wenn Ihnen nicht gefällt, was Ihre Freundin zu berichten hatte. Behaupten Sie, länger im Büro bleiben zu müssen, oder schützen Sie eine Autopanne vor. Endgültig erledigen Sie den Fall, wenn Sie stattdessen sagen, eine alte Flamme sei wieder in Ihr Leben getreten. Das wird Ihr Date davon abhalten, wieder anzurufen und die Sache auf ein andermal verschieben zu wollen.

Kapitel 2

Erste Eindrücke

Erkennen von Fälschungen

Künstlich vergrößerte Brüste

❶ **Denken Sie daran: Wenn etwas zu gut scheint, um wahr zu sein, ist es wahrscheinlich unecht.**
Wenn die Brüste einer über dreißigjährigen Frau ohne BH der Schwerkraft trotzen oder ihre Oberweite auffallend prall ist, dann hat da vermutlich jemand nachgeholfen. Misstrauen Sie Brüsten, die sehr hoch sitzen – dies ist ein weiteres Indiz für Implantate.

❷ **Vergleichen Sie Brustgröße und allgemeinen Körperbau der Frau.**
Die meisten zierlichen Frauen (allerdings nicht alle) haben auch einen kleineren Busen.

❸ **Misstrauen Sie Tennisball förmigen oder merkwürdig sitzenden Brüsten.**
Bei schlecht gemachten Brustvergrößerungen lässt sich der Umriss des Implantats erkennen – oft sogar durch das Oberteil hindurch. Manchmal wirkt eine künstliche Brust auch übermäßig fest und rund, wie ein Tennisball. Gut gemachte Brustvergrößerungen lassen sich durch optische Begutachtung kaum entdecken, schlecht gemachte jedoch fallen deutlich auf.

❹ **Achten Sie auf leichte Kräuselung der Haut im Ausschnitt.**
Implantate verursachen manchmal leichte Kräuselungen der Haut auf der Brustoberseite oder zwischen den Brüsten. Halten Sie Ausschau nach Wellenmustern auf

der Haut. Bei echten Brüsten gibt es diese Wellen nicht, egal wie groß oder weich sie sind.

❺ **Streifen oder umarmen Sie die Frau, über deren Brust Sie Zweifel hegen –**
aber natürlich nur im Rahmen von Sitte und Anstand. Fühlt der Busen sich fester an als normal, haben Sie es vielleicht mit Implantaten zu tun.

❻ **Achten Sie auf Narben unter und seitlich der Brust.**
In intimeren Situationen ergibt sich eventuell die Möglichkeit einer näheren optischen und taktilen Überprüfung. Suchen Sie Narben unter den Brüsten, um die Brustwarzen herum und in der Achselgegend.

Wenn eine Frau über dreißig auffallend pralle Brüste hat, die sehr hoch sitzen, haben Sie Grund zu Misstrauen.

Toupets

❶ **Betrachten Sie die Struktur seiner Haare genau.**
Da Toupets (im Gegensatz zu Perücken) nicht die gesamte Kopfoberseite bedecken, gibt es immer eine Grenze, an der echtes und »Zweithaar« aufeinander stoßen. Im Allgemeinen haben Männer, die Toupets tragen, dünnes Haar; achten Sie daher auf Übergänge von Bereichen mit dichtem zu denen mit recht dünnem Haar.

❷ **Misstrauen Sie einer unnatürlich dichten Haarpracht auf der Kopfoberseite.**
Toupets sind sehr dick, um die Nylon- oder Stoffkappe abzudecken, mit denen sie auf der Kopfhaut festgemacht werden.

❸ **Suchen Sie nach kleinen Unterschieden in der Haarfarbe.**
Im Allgemeinen haben Toupets nicht exakt die gleiche Farbe wie das echte Haar. Ein sehr dunkler Haarbereich, der von dünnerem, hellerem Haar umgeben ist, weist eventuell auf ein Toupet hin.

❹ **Beobachten Sie, ob sich Haar auf der Kopfhaut verschiebt.**
Toupets sind normalerweise mit Klebestreifen oder einem Spezialkleber an der Kopfhaut befestigt, lösen sich aber bei starkem Wind oder übermäßiger Transpiration. Ein Haarschopf, der seine Lage auf der Kopfhaut verändert hat, ist ein sicheres Anzeichen für ein Toupet.

❺ **Überprüfen Sie Ihre Theorie.**
Greifen Sie in Richtung Kopf Ihres Dates und sagen Sie: »Sie haben da etwas im Haar.« Wenn er sofort reagiert, um sie vom Berühren seiner Haare abzuhalten, haben Sie es wahrscheinlich mit einem Toupetträger zu tun.

Achtung!

Viele Männer mit dünner werdendem Haar lassen sich neue Haare implantieren. Sie erkennen »Wiederaufforstungsgebiete« an einer Vielzahl von kleinen, wie Knoten aussehenden Beulen an den Haarwurzeln.

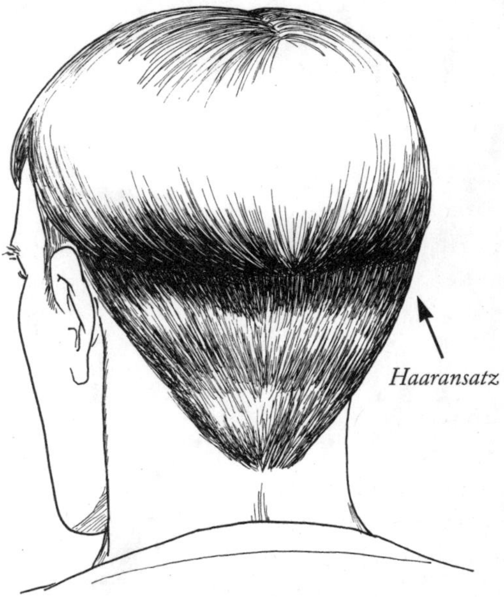

Da Toupets nicht die gesamte Kopfoberseite bedecken, gibt es immer eine Grenze, an der echtes und »Zweithaar« aufeinander stoßen.

Beheben von Kleidungs-Notlagen

Im Reißverschluss eingeklemmtes Hemd

❶ **Greifen Sie den Hemdzipfel.**
Greifen Sie den Hemdzipfel, wenn er auf der Vorderseite des Reißverschlusses herausguckt. Schaut er nicht heraus, müssen Sie die Hand in den Hosenbund schieben, bis zu der Stelle, wo sich der Stoff verklemmt hat.

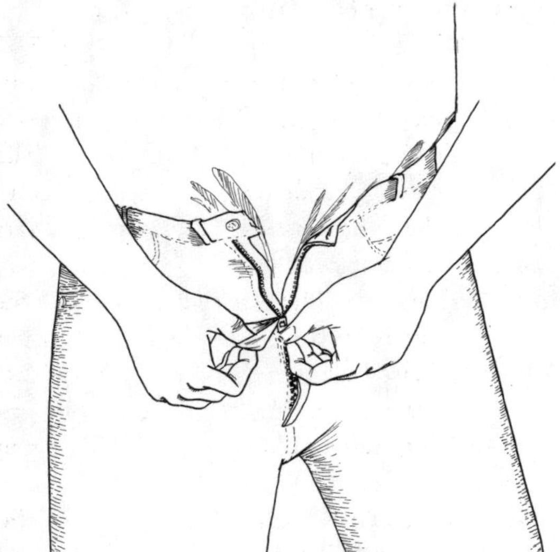

Ziehen Sie den eingeklemmten Stoff straff und nach oben. Üben Sie auf den Reißverschluss einen stetigen Zug nach unten aus.

❷ Ziehen Sie den eingeklemmten Stoff straff und nach oben.

❸ Ziehen Sie mit der freien Hand den Reißverschluss nach unten.

Üben Sie gleichmäßig Kraft aus; ziehen Sie, statt zu reißen. Passen Sie auf, dass Sie Ihre Finger dabei nicht einklemmen. Achten Sie auch darauf, das Kleidungsstück vom Körper weg zu halten. Damit verhindern Sie, dass bei einer heftigen Bewegung des Reißverschlusses Haut eingeklemmt wird. Das gilt natürlich vor allem, wenn Sie keine Unterwäsche tragen.

Voll gespritzte Kleidung

- Wenn Sie mit Wasser voll gespritzt wurden: Suchen Sie die nächstgelegene Toilette auf und trocknen Sie Ihre Kleidung unter einem Handtrockner. Bleiben Sie dicht vor dem Handtrockner stehen, drehen Sie sich hin und her und bewegen Sie mit den Händen die nassen Kleidungsstücke.
- Behandlung von Dreckspritzern: Gehen Sie in die nächste Bar, bestellen Sie ein Mineralwasser, schütten Sie eine Prise Salz hinein und tupfen Sie die Dreckspritzer damit ab. Das Mineralwasser greift den Schmutz an, das Salz löst Öl, das sich eventuell im Dreck befindet.
- Wenn Sie einen Rock tragen, können Sie diesen herumdrehen; so fallen die Flecken weniger auf. Ziehen Sie Hemd oder Bluse aus dem Hosen- bzw. Rockbund, um Flecken zu verdecken.

Weinflecke

- Weißwein: Feuchten Sie eine Stoffserviette mit kaltem Wasser an und tupfen Sie den Fleck ab. Verwenden Sie kein heißes Wasser; das lässt den Fleck sich festsetzen.
- Rotwein: Tauchen Sie eine Stoffserviette in Weißwein und reiben Sie damit über den Fleck. Tupfen Sie ihn dann mit kaltem Wasser ab.
- Verreiben Sie Zahnpasta über den verschmutzten Bereich (nehmen Sie rein weiße Zahnpasta ohne Farbstreifen!). Das erleichtert die spätere Reinigung.
- Wenn Sie Wein über Ihr Date verschüttet haben: Entschuldigen Sie sich, bieten Sie an, die Rechnung für die Reinigung zu übernehmen und schenken Sie Ihrem Date sofort nach bzw. bestellen Sie ein neues Glas Wein.

Lippenstiftspuren

- Verteilen Sie reichlich Vaseline über den Fleck. Auch mit Kosmetikfeucht- und Babyfeuchttüchern bekommen Sie die Spuren zum Großteil weg. Bringen Sie das Kleidungsstück so bald wie möglich zur Reinigung.
- Verdecken Sie den verschmutzten Bereich mit einem Halstuch – außer er befindet sich auf der Hose Ihres Partners.

Laufmasche

- Verwenden Sie farblosen Nagellack oder einen Spritzer Haarspray, um zu verhindern, dass die Laufmasche länger wird.

- Tritt die Laufmasche an einer Zehe auf, können Sie die Zehe strecken und das kaputte Material unter den Fuß ziehen, wo man es nicht sieht.
- Befindet sich die Laufmasche an der Vorderseite des Beins, verdrehen Sie die Strumpfhose am besten so weit, bis die Laufmasche an der Innenseite des Beins liegt, wo sie weniger auffällt. Passen Sie beim Verdrehen aber auf, dass Sie das Material nicht noch mehr beschädigen. Falls die Strumpfhose keine Nähte oder Verzierungen hat, können Sie sie auch verkehrt herum anziehen.
- Als letzter Ausweg bleibt Ihnen immer noch, die Strumpfhose auszuziehen und barfuß herumzulaufen.

Entfernen eines Pickels

❶ **Legen Sie eine warme Kompresse auf.**
Halten Sie ein feuchtes heißes Handtuch eine Minute oder länger an den Pickel.

❷ **Setzen Sie ein einschlägiges Medikament ein.**
Verwenden Sie irgendein rezeptfreies Produkt mit Benzoylperoxid.

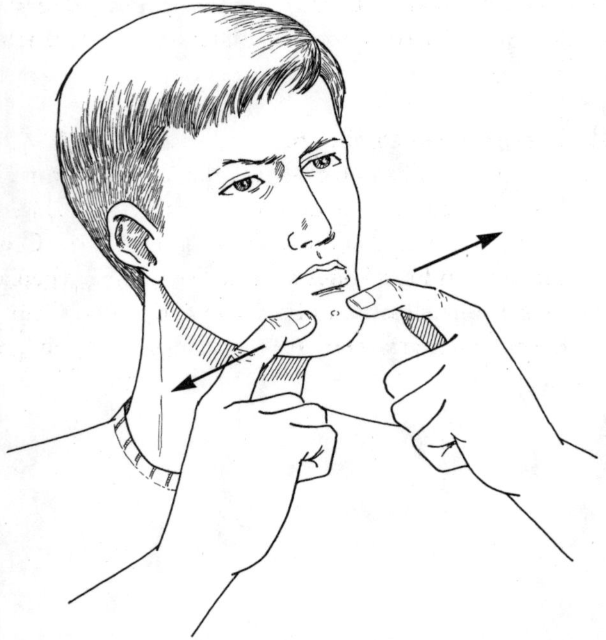

Legen Sie Ihre Finger auf beide Seiten des Pickels und ziehen Sie vorsichtig vom Pickel weg. Drücken Sie den Pickel nicht aus!

❸ **Berühren Sie den Pickel nicht.**
Lassen Sie ihn so lange wie möglich in Frieden.

❹ **Schätzen Sie die Lage ein.**
Stellen Sie unmittelbar vor Ihrer Verabredung fest, ob der Pickel »reif« ist. Nur dann sollten Sie zu den folgenden Schritten übergehen.

❺ **Bringen Sie den Pickel zum Platzen.**
Legen Sie Ihre Finger auf beide Seiten des Pickels und ziehen Sie vorsichtig vom Pickel weg. Drücken Sie den Pickel nicht aus! Der Pickel gibt seinen Inhalt erst dann frei, wenn er so weit ist. Passiert das nicht, macht das auch nichts.

❻ **Decken Sie die Stelle ab.**
Tupfen Sie den jetzt leeren Pickel sanft mit einem Taschentuch ab, um eventuell verbliebene Flüssigkeit zu entfernen. Legen Sie dann einen Puder mit Grünton auf, um den Pickel oder die rote Stelle, die ein geplatzter Pickel hinterlässt, zu überdecken (Rot und Grün sind Komplementärfarben und neutralisieren sich gegenseitig).

Behandlung eines Rasierunfalls

Kleiner Schnitt

1. **Reinigen Sie die Wunde mit sauberem, kaltem Wasser.**

2. **Legen Sie Alaunsalze oder Talkumpuder auf.**
Das Mineral Alaun hat blutstillende Wirkung. Halten Sie das Alaun zehn bis zwanzig Sekunden auf die Stelle, je nach Tiefe des Schnitts. Diese Methode ist zwar effektiv, schmerzt jedoch; schließlich streut man buchstäblich Salz in die Wunde. Der schnell getrocknete Schnitt bildet unter Umständen einen sichtbaren Schorf. Alternativ zum Alaun können Sie auch eine dicke Schicht Talkumpuder auf die Wunde geben. Diese Methode ist zwar nicht so sauber, verursacht aber weniger Schmerzen und überdeckt den Schnitt. Führen Sie Schritt drei aus, falls Sie weder Alaun noch Talkum zur Hand haben.

3. **Verwenden Sie Toilettenpapier.**
Reißen Sie ein kleines Stückchen Toilettenpapier ab und drücken Sie es mindestens 15 Sekunden auf die Wunde, bis es von selbst haften bleibt.

4. **Warten Sie einige Minuten.**

5. **Entfernen Sie das Toilettenpapier.**
Befeuchten Sie das Stückchen, bevor Sie es von der Schnittstelle ziehen. Wenn Sie versuchen, das Papier

trocken abzuziehen, reißen Sie damit möglicherweise die Wunde wieder auf.

Tiefer Schnitt

Die meisten ernsthaften Rasierunfälle passieren am Hals, unterhalb der Nase oder unter den Ohrläppchen. Die unten beschriebenen Schritte beziehen sich auf Schnitte am Hals, gelten jedoch ebenso für jene an anderen Stellen.

1. **Drücken Sie fest direkt auf die Wunde.**
   Setzen Sie Ihre Fingerspitzen auf die Stelle, wo die Blutung am stärksten scheint.

2. **Drücken Sie weitere zehn Minuten auf die Stelle, nachdem die Blutung zum Stillstand gekommen ist.**
   Bewegen Sie sich möglichst wenig, bis die Blutung aufhört. Begeben Sie sich dann in eine Notaufnahme.

3. **Bewahren Sie Ruhe, wenn die Blutung nicht aufhört.**
   Wahrscheinlich haben Sie mit den oben beschriebenen Maßnahmen den Blutfluss so weit eingedämmt, dass Ihnen genügend Zeit für die nächsten Schritte bleibt.

4. **Drücken Sie die Haut einige Minuten fest zusammen.**
   Drücken Sie die blutende Stelle zwischen Daumen und Zeigefinger zusammen. Das wird höchstwahrscheinlich das Blutgefäß verschließen, auch wenn Sie es nicht sehen können. Die starke Blutung hört dann auf.

5. **Lokalisieren Sie das verletzte Blutgefäß.**
   Lässt die Blutung trotz der gerade beschriebenen Maß-

nahmen nicht nach, müssen Sie die genaue Stelle der Verletzung ermitteln. Dabei hilft Ihnen ein Stück Stoff oder ein Papiertaschentuch. Lockern Sie vorsichtig den Druck, den Sie mit Daumen und Zeigefinger ausüben, und wischen Sie mit dem Tuch das Blut von der Wunde. Das sollte es Ihnen erleichtern, das Ende des verletzten Blutgefäßes auszumachen oder die Stelle genau zu lokalisieren, auch wenn sie tief unter der Haut liegt. Versuchen Sie, diese Stelle wie oben beschrieben abzudrücken.

❻ **Drücken Sie auf die Stellen direkt über- und unterhalb der Blutung.**
Halten Sie den direkten Druck auf die Wunde weiter aufrecht. Bluten Sie trotzdem immer noch stark, müssen Sie den Druck auf die Stellen ober- und unterhalb des Schnitts ausweiten. Damit verschließen Sie die Bereiche, in denen Blutgefäße zur Wunde führen.

❼ **Begeben Sie sich in eine Notaufnahme.**
Wenn Sie dorthin gefahren werden: Legen Sie sich hin, den Kopf leicht angehoben. Üben Sie weiter festen Druck auf die Wunde aus, auch wenn die Blutung nachzulassen scheint.

Achtung!

- Fließt das Blut in einem dicken, stetigen Strom, haben Sie eine Vene getroffen. Verlangsamen Sie den Blutfluss, indem Sie auf die Stelle oberhalb der Wunde drücken. Fließt das Blut in pulsierenden Stößen, haben Sie eine Arterie verletzt. Stoppen Sie den Blutfluss, indem Sie (fest!) auf den Bereich unter dem Schnitt drücken (siehe Schritt 6).

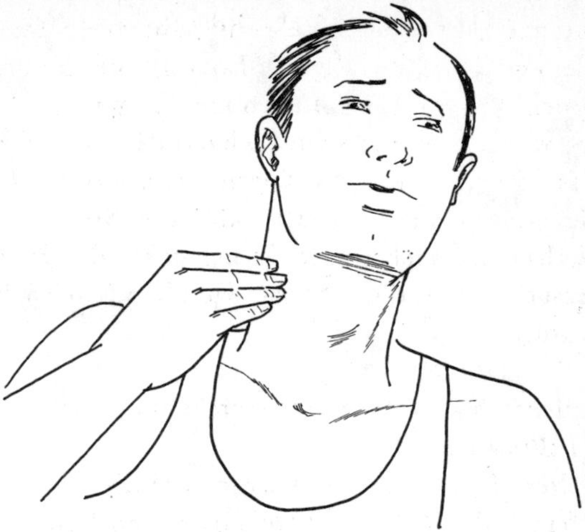

Drücken Sie fest direkt auf die Wunde. Pressen Sie die Fingerspitzen auf die Stelle, wo die Blutung am stärksten scheint.

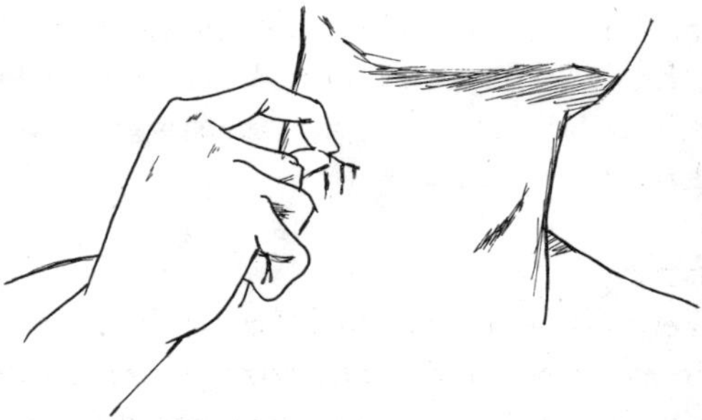

Drücken Sie auf den Bereich ober- und unterhalb des Schnitts. Damit verschließen Sie den Bereich, in dem Blutgefäße zur Wunde führen.

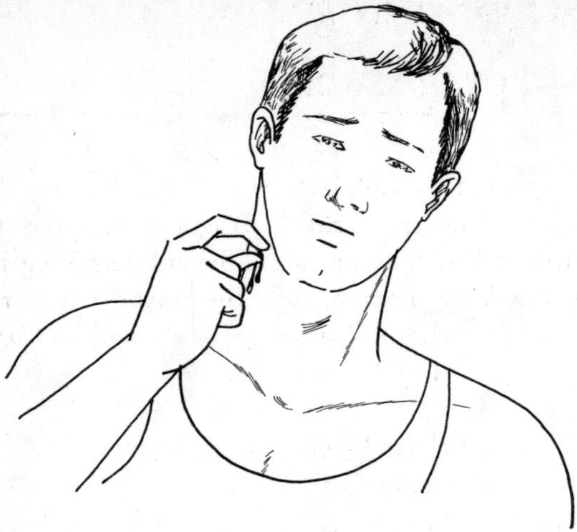

Drücken Sie die Schnittstelle mit Daumen und Zeigefinger zusammen und halten Sie diesen Griff.

- Es gibt vier Halsschlagadern. Die beiden äußeren liegen auf der linken und rechten Außenseite des Halses und sind verletzlich, weil sie direkt unter der Haut verlaufen. Die beiden inneren Schlagadern verlaufen nahe der Mitte der Halsvorderseite, liegen aber zwei bis drei Zentimeter unter der Haut und sind von einer schützenden Hülle umgeben. Wenn Sie sich beim Rasieren also schneiden und stark bluten, haben Sie vermutlich eine der äußeren Schlagadern getroffen.

Bekämpfung von Körpergeruch

❶ **Verwenden Sie Kölnischwasser oder Parfüm.**
Steuern Sie die nächste Drogerie oder das nächstgelegene Kaufhaus an, wenn Sie auf dem Weg zu einer Verabredung merken, dass Sie unangenehm riechen. Kaufen Sie Kölnischwasser oder Parfüm und benutzen Sie es großzügig.

❷ **Wechseln Sie das Hemd oder ziehen Sie das muffelnde Kleidungsstück aus.**
Neue Wäsche tut oft Wunder, vor allem bei Unterhemden. Kaufen Sie sich notfalls ein neues Hemd.

❸ **Fällt Ihnen Ihr Körpergeruch erst während der Verabredung auf, haben Sie folgende Möglichkeiten:**

- Gehen Sie zur Toilette und befeuchten Sie dort mehrere Papierhandtücher mit heißem Wasser und geben Sie etwas Seife dazu. Befeuchten Sie einen zweiten Stapel Papierhandtücher, lassen Sie aber die Seife weg. Waschen Sie sich mit den eingeseiften Handtüchern unter den Achseln und wo immer nötig, und reiben Sie sich mit den anderen nassen Handtüchern ab.
- Bitten Sie Ihren Kellner unauffällig um Kamillentee-Beutel. Weichen Sie die Beutel auf der Toilette in heißem Wasser ein und reiben Sie sie über die riechenden Hautstellen. Lassen Sie die Beutel nach Möglichkeit einige Minuten auf den Stellen.
- Besorgen Sie sich in der Küche eine Hand voll fri-

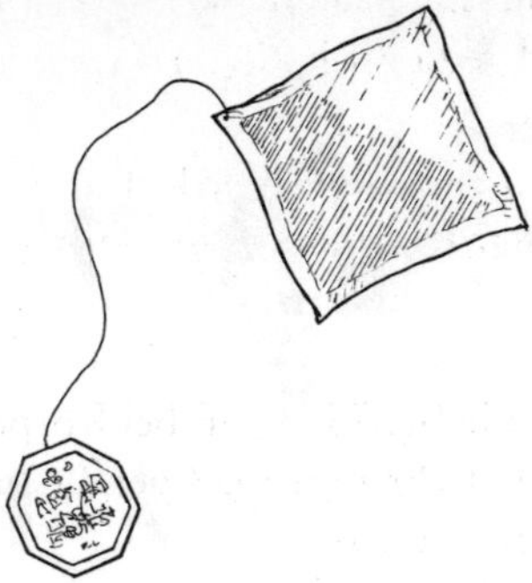

Weichen Sie Kamillentee-Beutel in heißem Wasser ein. Reiben Sie die riechenden Stellen mit den Teebeuteln ab. Lassen Sie die Beutel nach Möglichkeit einige Minuten lang auf den Stellen.

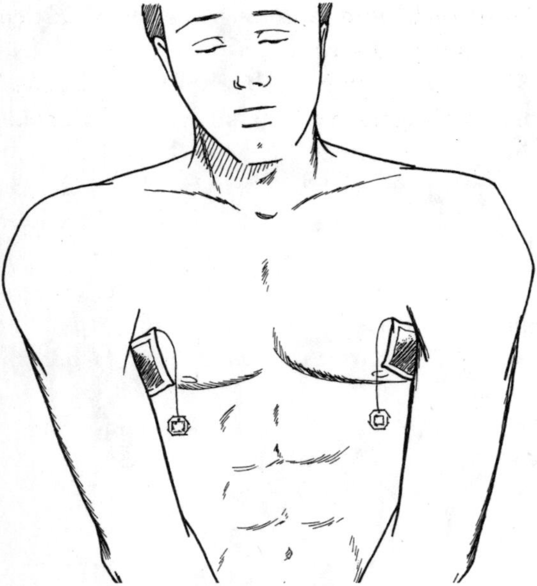

schen Rosmarin, benetzen Sie ihn auf der Toilette mit Wasser und reiben Sie die riechenden Stellen damit ab.

- Gehen Sie zur Toilette und verteilen Sie Seife auf Ihren Problemzonen, um den Geruch zu überdecken.

Achtung!

- Antibakterielle Seife hilft oft bei Körpergeruch. Allerdings trocknet ihr regelmäßiger Gebrauch die Haut unter Umständen aus.
- Vermeiden Sie scharf gewürzte Speisen und Knoblauch – beides kann Körpergeruch verschlimmern.
- Ungewöhnlicher Körpergeruch (nicht der typische Schweißgeruch) weist möglicherweise auf ein medizinisches Problem hin:
  - Biergeruch wird eventuell von einer Hefepilz-Infektion verursacht.
  - Ein Geruch nach Nagellack weist auf Diabetes hin.
  - Ammoniakgeruch deutet auf eine Leberkrankheit.

Bekämpfung von schlechtem Atem

❶ Kauen Sie Kaugummi oder Minzepastillen.
Bitten Sie den Kellner unauffällig darum, wenn Sie selbst nichts dabeihaben. Gehen Sie auf die Toilette und kauen Sie den Kaugummi zwei Minuten, bevor Sie ihn ausspucken. So regen Sie den Speichelfluss an und halten den Mundgeruch für mindestens eine Stunde in Schach. Es bringt nichts, den Kaugummi länger im Mund zu behalten. Zuckerfreier Kaugummi ist am besten.

❷ Kauen Sie Petersilie, Minzeblätter oder eine Zimtstange.
Nehmen Sie auf dem Weg zur Toilette Ihren Kellner beiseite und bitten Sie ihn um eine dieser gebräuchlichen Küchenzutaten. Petersilie und Minze sind natürliche Atemerfrischer. Auch das Kauen einer Zimtstange reinigt Ihren Atem – gemahlener Zimt nützt jedoch nichts!

❸ Bestellen Sie einen Salat oder frische Karotten.
Bestellen Sie Rohkost, wenn Sie den Tisch nicht verlassen können. Rohkost säubert die Zunge und beseitigt damit eine der wichtigsten Quellen für schlechten Atem.

Achtung!

Von bestimmten Nahrungsmitteln stammende Gerüche sind in der Regel nicht so schlimm, wie Sie denken. Verzichten Sie während Ihrer Verabredung nach Möglichkeit aber auf Zwiebeln und Knoblauch.

Um Ihren Atem zu erfrischen, können Sie Folgendes kauen:

Anissamen

Minzezweig

Nelken

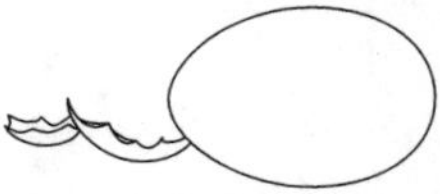

Eierschalen

Zitrone

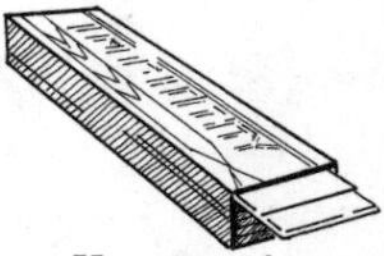

Kaugummi

Zimtstange

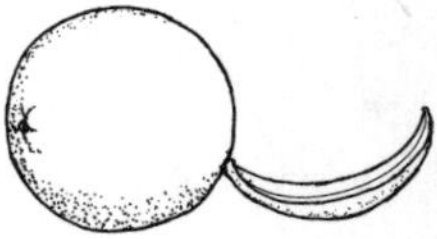

Orange

Petersilie

Salat

Vorsorge gegen schlechten Atem

❶ **Benutzen Sie Zahnseide.**
Reinigen Sie vor dem Zubettgehen Ihre Zahnzwischenräume mit Zahnseide. Nehmen Sie unparfümierte Seide und kontrollieren Sie ihren Geruch nach jedem Durchziehen. Die Bereiche, die am schlimmsten riechen, verlangen die größte Aufmerksamkeit. Überdies kann die Benutzung von Zahnseide Ihr Leben verlängern, da Zahnfleischerkrankungen die Lebenserwartung senken.

❷ **Reinigen Sie Ihre Zunge.**
Entfernen Sie vorsichtig den Schleim am hinteren Ende Ihrer Zunge. Verwenden Sie dafür im Handel erhältliche Zungenreiniger. Benutzen Sie keinesfalls Objekte aus scharfkantigem Metall und schaben Sie nicht zu fest über die Zunge.

❸ **Putzen Sie die Zähne mit Mundwasser.**
Nehmen Sie ein wirksames Mundwasser, verdünnen Sie es wie angegeben und tauchen Sie Ihre Zahnbürste hinein. Putzen Sie Ihre Zähne ein paar Minuten lang gründlich. Verwenden Sie nicht gleichzeitig Mundwasser und Zahnpasta, da sich die Wirkstoffe der beiden möglicherweise gegenseitig aufheben. Spülen Sie mit dem verbliebenen Mundwasser nach und gurgeln Sie damit.

Kapitel 3

Überleben in Bar und Restaurant

Tischreservierung in letzter Minute

Bestechung

❶ **Überlegen Sie sich, wie viel Sie dem Oberkellner anbieten müssen.**
Die Höhe der Summe hängt von der Exklusivität und dem Ruf des Etablissements ab. Bieten Sie mindestens zehn Euro an. Gewöhnlich bekommen Sie nur eine Chance für einen Bestechungsversuch.

❷ **Falten Sie den Schein in Ihre rechte Hand.**
Halten Sie ihn zwischen Daumen und Zeigefinger.

❸ **Überreichen Sie das Bestechungsgeld.**
Schütteln Sie dem Oberkellner die Hand, während Sie ihm erklären, wie wichtig dieser Abend für Sie ist. Seien Sie aber darauf gefasst, dass der Oberkellner das Geld nimmt, Ihnen aber trotzdem nicht weiterhilft.

Drücken auf die Tränendrüse

❶ **Sprechen Sie mit dem Oberkellner.**
Manchmal bewirken Bitten etwas, wenn Sie den richtigen Ton treffen. Am wahrscheinlichsten haben Sie Erfolg, wenn Sie freundlich und gelassen bleiben. Weinerliches oder arrogantes Auftreten bringt überhaupt nichts. Wirkt der Oberkellner gestresst, sollten Sie warten, bis er einen Moment Ruhe hat und sich auf Sie konzentrieren kann.

❷ Erklären Sie Ihre Lage.

Betonen Sie dabei, wie wichtig der Abend für Sie ist und warum Sie unbedingt einen Tisch benötigen. Schmücken Sie notfalls die Wahrheit ein wenig aus: Geben Sie vor, einen Geburtstag zu feiern, zum ersten Mal nach langer Krankheit wieder ausgehen zu können, sich mit Ihrer Partnerin nach langer Zeit wieder versöhnen oder ihr einen Heiratsantrag machen zu wollen (dann sollten Sie aber auch einen Ring vorweisen können).

❸ Bringen Sie Gefühle ins Spiel.

Flüstern Sie, atmen Sie stockend, vergießen Sie eine Träne. Dann kann man Sie weniger leicht ignorieren. Darüber hinaus fürchtet der Oberkellner vielleicht, Sie könnten eine Szene machen und die anderen Gäste stören.

❹ Appellieren Sie an das Verständnis des Oberkellners.

Tun Sie so, als wäre Ihnen eine Abfuhr direkt vor den Augen Ihres Dates wahnsinnig peinlich, weil Sie ihr vorgeflunkert hätten, Sie würden eine Reservierung haben.

❺ Wenden Sie sich Hilfe suchend an andere Restaurantgäste.

Gelingt es Ihnen nicht, den Oberkellner zu erweichen, können Sie bereits sitzende Gäste ansprechen und versuchen, sie zu bestechen oder zu überreden, ihren Tisch zu räumen. Benutzen Sie die Strategie »Besonderer Anlass« (siehe Schritt 2). Vermeiden Sie dabei aber unbedingt, die Angesprochenen vor den Kopf zu stoßen oder Ihr Date in Verlegenheit zu bringen. Am besten versuchen Sie diesen Schritt, wenn Sie für einen Moment allein sind.

❻ **Spielen Sie Ihre Stellung aus.**
Ihre letzte Möglichkeit besteht in der empörten Frage: »Wissen Sie überhaupt, wer ich bin?«. Leider müssen Sie tatsächlich jemand Besonderes sein, damit das funktioniert.

Achtung!

- Sparen Sie sich den Trick mit der »verloren gegangenen Reservierung«, auf den fällt niemand mehr herein. Mit dem Vorwurf, das Restaurant trage die Schuld, weil es die Reservierung verschlampt habe, provoziert man nur Streit. Damit kommt man nur selten zu einem Tisch.
- Sie können versuchen, den Namen eines VIP ins Gespräch einfließen zu lassen. Bitten Sie im Namen eines Prominenten um einen Tisch; manchmal be-

Halten Sie den Schein zwischen Daumen und Zeigefinger und schütteln Sie dem Oberkellner die Hand.

kommen Sie unter Umständen einen, auch wenn der VIP »sich verspätet«. Doch diese Methode kann auch nach hinten losgehen: Wenn der Oberkellner Sie nämlich bittet, noch so lange zu warten, bis Ihre Gruppe vollständig ist. Dann ist es zu spät, auf eine andere Taktik umzuschwenken.

Rettung Ihres Dates vor dem Erstickungstod

❶ **Sprechen Sie entschlossen.**
Sprechen Sie in kurzen Sätzen und nicht so laut. Verwenden Sie Imperative. Erklären Sie, dass Sie den Heimlich-Griff durchführen werden.

❷ **Befehlen Sie Ihrem Date sich hinzustellen.**

❸ **Umarmen Sie Ihr Date von hinten.**
Schlingen Sie die Arme von hinten um die Taille Ihres Dates und ballen Sie eine Hand zur Faust.

❸ **Legen Sie die Faust auf den Solarplexus Ihres Dates.**
Der Solarplexus befindet sich an der obersten weichen Stelle des Oberkörpers, zwischen Rippenbogen und Nabel.

❺ **Legen Sie die andere Hand offen über die Faust.**

❻ **Befehlen Sie Ihrem Date, sich leicht nach vorn zu beugen.**
Drücken Sie von hinten gegen die Schultern Ihres Dates, wenn sie nicht reagiert, und wiederholen Sie »Beug dich vor!«.

❼ **Drücken Sie die Faust nach oben in den Bauch.**
Machen Sie das in einer schnellen, kräftigen Bewegung. Damit komprimieren Sie die in der Lunge verbliebene

Luft und erzeugen einen Druck, der jeden Fremdkörper aus der Luftröhre herausstößt.

❽ **Wiederholen Sie die Schritte 3 bis 7, wenn Ihr Date weiterhin keine Luft bekommt.**

Drücken Sie die Faust schnell und kraftvoll nach oben in den Bauch.

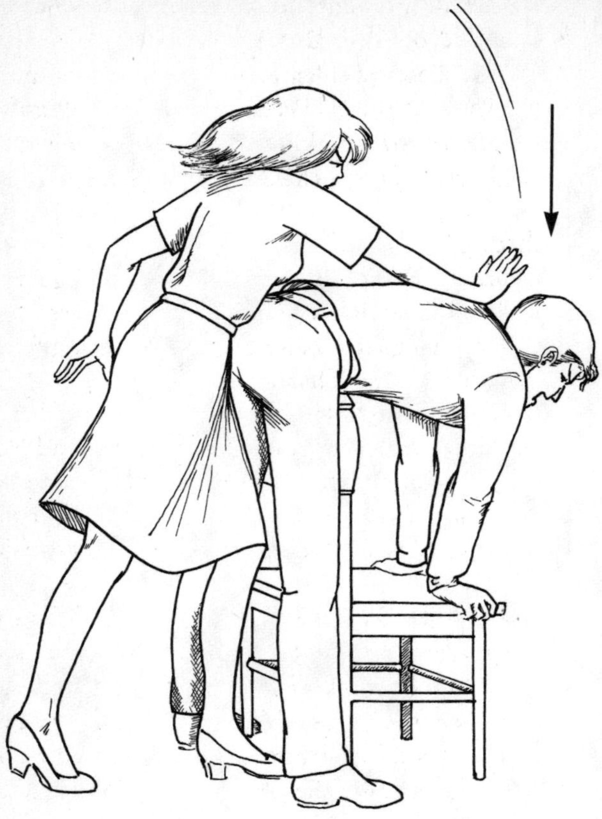

Schlagen Sie mit der Handwurzel zwischen die Schulterblätter Ihres Dates.

❾ **Weisen Sie Ihr Date an, sich über eine Stuhllehne zu beugen, wenn der Heimlich-Griff nichts gebracht hat.** Die Oberkante der Lehne sollte sich auf Höhe der Hüfte Ihres Dates befinden.

⑩ Schlagen Sie mit der Handwurzel zwischen die Schulterblätter Ihres Dates.

Auch mit diesem Schlag erzeugen Sie Druck in einem verstopften Atemweg. Wenn der Kopf des Betroffenen nach unten hängt, funktioniert diese Methode manchmal, wenn der Heimlich-Griff versagt.

Achtung!

- Wenn das Ersticken geräuschlos vor sich geht (oder Ihr Date sich mit der Hand an den Hals fasst), ist der Luftweg möglicherweise vollständig verstopft. Dann müssen Sie schnell handeln.
- Wenn Ihr Date hustet oder sich verschluckt hat, sollten Sie einfach nur höflich sein, mitfühlend lächeln und Wasser anbieten. Das Wasser hilft zwar nicht, wenn man sich verschluckt hat, verschafft dem Betroffenen aber eine kleine Pause, um sich wieder zu fangen.
- Meistens entfernt der Heimlich-Griff schon beim ersten Versuch den feststeckenden Bissen aus der Luftröhre. Ist die Gefahr gebannt, braucht Ihr Date ein bisschen Zeit, um sich zu erholen. Gewähren Sie ihr etwas Ruhe und bestellen Sie ihr einen Schnaps. Rasen Sie nicht in die nächste Notaufnahme mit ihr: In den meisten Fällen gibt es keinen Grund mehr, noch ins Krankenhaus zu gehen, wenn der Fremdkörper erst einmal entfernt ist.

Umgang mit Blähungen

❶ **Nehmen Sie während der Verabredung möglichst wenig Laktose zu sich.**
Viele Leute können keinen Milchzucker (Laktose) verdauen. Darmbakterien vergären den Milchzucker und erzeugen dabei ein Gas, das Blähungen verursacht. Trinken Sie während des Dates weniger als eine halbe Tasse Milch und verzichten Sie vor dem Rendezvous auf Milchprodukte.

❷ **Nehmen Sie nur eine kleine Mahlzeit zu sich.**
Wenn Sie sich während einer Verabredung zu sehr voll stopfen, bekommen Sie höchstwahrscheinlich Probleme mit Verdauungsgasen.

❸ **Vermeiden Sie Nahrungsmittel, die Verdauungsgase fördern.**
Bakterien vergären die unverdaulichen Kohlenhydrate in Bohnen, Brokkoli, Kohl sowie anderen Gemüse- und Obstsorten. Dabei entstehen Gase.

❹ **Trinken Sie Pfefferminztee.**
Ersetzen Sie den Verdauungsschnaps durch ein, zwei Tassen Pfefferminztee. Die Minze lindert einige der Beschwerden mit Blähungen nach einer Mahlzeit.

❺ **Gehen Sie an einen abgeschiedenen Ort.**
Treten Sie im Notfall die Flucht auf die Toilette an. Wenn Sie unter Blähungen leiden, aber keine Verdauungsgase kommen wollen, können Sie wie folgt nachhelfen:

Legen Sie Papierhandtücher auf den Boden, knien Sie sich darauf, beugen Sie sich nach vorn und strecken Sie Ihre Arme vor sich aus. Halten Sie den Hintern nach oben, sodass er die Spitze eines Dreiecks aus Oberschenkel, Brust und Boden bildet. Mit dieser Stellung presst man überschüssiges Gas aus dem Körper und mindert den Druck.

Achtung!

- Ein Mensch produziert durchschnittlich 0,75 Liter Verdauungsgas pro Tag, das 11- bis 14-mal freigesetzt wird.
- Normalerweise verursachen Männer mehr Verdauungsgase, da sie mehr essen als Frauen.

Nahrungsmittel, die Verdauungsgase verursachen und vermieden werden sollten

Jeder Mensch verdaut anders. Probieren Sie selbst aus, auf welche Nahrungsmittel Sie am heftigsten reagieren. Solange Sie unsicher sind, sollten Sie mit den folgenden Dingen aufpassen:

- Bohnen (vor allem weiße)
- Borschtsch
- Brokkoli
- Rosenkohl
- Kohl
- kohlensäurehaltigen Getränken
- Blumenkohl
- Chili
- Gurken
- fettigen Speisen
- frischem Obst

- Getreidekörnern und Ballaststoffen (vor allem in Pumpernickel)
- Kaugummi
- Zwiebeln
- Austern
- grünem Salat

Knien Sie sich auf den Boden, beugen Sie sich nach vorn und strecken Sie Ihre Arme vor sich aus. Drücken Sie den Hintern nach oben, sodass er die Spitze eines Dreiecks aus Oberschenkeln, Brust und Boden bildet.

Maßnahmen bei Zurückweisung der Kreditkarte

Gespräch mit dem Restaurantchef

❶ **Gehen Sie diskret vor.**
Entschuldigen Sie sich einen Moment vom Tisch und gehen Sie zur Rezeption, wenn der Kellner Ihnen erklärt hat, dass Ihre Kreditkarte nicht akzeptiert wird. Besprechen Sie Ihre Lage mit dem Restaurantchef und weisen Sie Ihre Identität nach. Fragen Sie ihn, was Sie tun könnten. Rufen Sie bei dem Kreditkartenunternehmen an und erkundigen Sie sich, was mit Ihrer Karte los ist. Bleiben Sie unnachgiebig und bestehen Sie darauf, dass Ihre Kreditlinie sofort vorübergehend um den Betrag angehoben wird, den Sie benötigen.

❷ **Bieten Sie ein Pfand an.**
Bieten Sie an, einen Wertgegenstand als Pfand dazulassen, während Sie Geld holen gehen. Verpfänden Sie aber nie Ihr Date! Uhr oder Führerschein sollten genügen.

❸ **Geben Sie Referenzen an.**
Bitten Sie den Restaurantchef zum Beispiel, sich bei anderen Restaurants zu erkundigen, wo man Sie kennt. Sagen Sie, das Management des anderen Restaurants würde für Sie bürgen. Versprechen Sie, das Geld sofort zu besorgen.

❹ **Besorgen Sie sich Geld.**
Bestellen Sie Ihrem Date noch einen Drink und gestehen Sie ihr die Lage. Holen Sie schnell am nächsten Bankautomaten oder zu Hause Geld oder leihen Sie sich etwas bei einem Freund. Alternativ können Sie auch Ihr Date bitten zu bezahlen (allerdings nur, wenn das nicht Ihre erste Verabredung ist).

Zechprellerei

❶ **Akzeptieren Sie die Konsequenzen.**
Wenn Sie abhauen, ohne zu bezahlen, können Sie sich nie wieder in diesem Lokal blicken lassen. Ihr Date könnte beleidigt oder peinlich berührt sein. Und wenn das Restaurant in einer Gegend liegt, durch die Sie oft kommen, könnten Sie später jederzeit erkannt und zur Rechenschaft gezogen werden.

❷ **Weihen Sie Ihr Date in Ihren Plan ein.**
Es kann nicht in Ihrem Interesse liegen, Ihr Date zu überrumpeln. Wenn Sie sie einfach so zurücklassen, wird sie stinksauer sein und dem Restaurantchef oder der Polizei dabei helfen, Sie aufzuspüren. Planen Sie, das Lokal gemeinsam zu verlassen.

❸ **Planen Sie Ihren Fluchtweg.**
Am besten flüchten Sie durch den Vordereingang, allerdings könnte ein Kellner die Verfolgung aufnehmen. Gehen Sie davon aus, dass man Ihnen folgen wird. Spielen Sie durch, wohin Sie nach Verlassen des Restaurants laufen wollen. Halten Sie sich an sehr belebte oder schlecht beleuchtete Straßen.

❹ **Warten Sie, bis alle Beschäftigten des Restaurants abgelenkt sind.**
Halten Sie Ihr Eigentum für einen schnellen Abgang griffbereit. Vermeiden Sie jedoch den Eindruck, auf dem Sprung zu sein.

❺ **Tun Sie so, als bezahlten Sie bar.**
Legen Sie Ihr gesamtes Bargeld zur Rechnung. Mit diesem Bluff erkaufen Sie sich einen wichtigen Vorsprung bei der Flucht. Ihr Kellner sieht Sie Scheine auf den Tisch legen und denkt, es sei alles in Ordnung. Erst wenn er später Ihren Tisch abräumt und das Geld zählt, merkt er, dass Sie ihn betrogen haben.

❻ **Verlassen Sie das Lokal selbstsicher.**
Gehen Sie in normaler Geschwindigkeit und mit erhobenem Kopf.

❼ **Rennen Sie los, sobald Sie das Gebäude verlassen haben.**

❽ **Steuern Sie nicht direkt Ihr Auto an, wenn man Ihnen folgt.**
Jeder Verfolger könnte sich einfach die Autonummer merken. Warten Sie mindestens 20 Minuten, bis Sie zu Ihrem Auto zurückkehren.

Achtung!

Zechprellerei ist illegal und kann Sie ins Gefängnis bringen – wo das Essen ziemlich mäßig ist. Sorgen Sie also so schnell wie möglich dafür, dass das Restaurant sein Geld bekommt (entweder direkt oder über eine Mittelsperson). Legen Sie eine Notiz dazu, in der Sie sich für Ihr Verhalten entschuldigen, aber das Restaurant auch auffordern, in Zukunft mit Leuten kulanter umzugehen, deren Kreditkarte abgelehnt wird.

Geschirr spülen

❶ **Bieten Sie an, Geschirr zu spülen.**
Erklären Sie dem Restaurantchef, dass Sie bereit sind, für Ihr Mahl mit Arbeit zu bezahlen. Versichern Sie ihm, mit den technischen Geräten vertraut zu sein.

❷ **Bereiten Sie sich darauf vor, nass zu werden.**
Legen Sie Jacke, Uhr und Schmuck ab. (Männer sollten auch Krawatte und langärmliges Hemd ausziehen, falls sie ein Unterhemd tragen.) Nehmen Sie Ihre Brille ab (außer, Sie sehen ohne Brille gar nichts). In der Küche ist es heiß und nass. Bitten Sie um eine Schürze.

❸ **Spülen Sie das schmutzige Geschirr vor.**
Sortieren Sie das Geschirr in ein Spültablett (aus Plastik, mit Löchern im Boden), stellen Sie es über den Ausguss und spülen Sie mit Wasser aus einem Schlauch vor.

❹ **Öffnen Sie die Spülmaschine und schieben Sie das Spültablett hinein.**

❺ **Schließen Sie die Spülmaschine und starten Sie den Spülvorgang.**
Die meisten Maschinen beginnen automatisch, sobald sie verschlossen sind, eventuell müssen Sie aber auch einen Startknopf drücken. Öffnen Sie die Tür der Spülmaschine, wenn die Maschine fertig ist, und ziehen Sie das Spültablett heraus. Manche Anlagen verfügen über

Transportbänder, die das Spültablett automatisch in die Maschine ziehen und nach dem Spülvorgang wieder herausschieben.

❻ Legen Sie das Tablett mit dem gereinigten Geschirr in ein Trockengestell.
Dieses Gestell hat manchmal Räder und Platz für etliche Tabletts. Oft hängt es auch an der Wand. Nach dem Trocknen ist das Geschirr wieder gebrauchsbereit.

Bitten Sie Ihr Date, das dreckige Geschirr vorzuspülen, während Sie die vollen Spültabletts in die Spülmaschine laden. Damit sparen Sie Zeit.

Abwehr von unliebsamer Konkurrenz

1. **Schätzen Sie die Lage ein.**
   Sind Sie auf einer ersten Verabredung, die nicht gut läuft? Widmet Ihr Date Ihrem Nebenbuhler mehr Aufmerksamkeit als Ihnen? Haben Sie trotzdem weiterhin Interesse an der Frau?

2. **Stellen Sie fest, wie ernst zu nehmen die Bedrohung ist.**
   Handelt es sich nur um einen Besoffenen, der sich nicht benehmen kann? Um einen ungehobelten, hartnäckigen Kerl? Oder hat der Konkurrent ernsthaftes Interesse, mit Ihrem Date abzuziehen? Wie groß ist der Nebenbuhler? Diese Faktoren bestimmen Ihre Reaktion.

3. **Weichen Sie nicht von der Stelle.**
   Legen Sie den Arm um Ihr Date, flüstern Sie ihr ins Ohr, küssen und streicheln Sie sie. Zeigen Sie dem Konkurrenten, dass Ihr Date Sie liebt und umgekehrt.

4. **Schirmen Sie Ihr Date gegen den Nebenbuhler ab.**
   Drängen Sie sich zwischen den Konkurrenten und Ihr Date, mit dem Rücken zum Nebenbuhler. Versuchen Sie, seinen Blick auf Ihr Date zu blockieren. Auch ein »unabsichtlicher« Rempler mit Schulter oder Hintern tut manchmal gute Dienste.

Schirmen Sie Ihr Date von dem Nebenbuhler ab, indem Sie sich zwischen ihn und sie drängen, mit dem Rücken zu ihm. Versuchen Sie, seinen Blick auf Ihr Date zu blockieren.

5 **Fordern Sie den Konkurrenten auf, nicht weiter dazwischenzufunken.**
Erklären Sie ihm freundlich, aber bestimmt, dass Sie sich mit Ihrem Date zu unterhalten versuchen und dass sie beide lieber in Ruhe gelassen werden möchten. Entschärfen Sie die Situation mit Humor oder Sarkasmus, falls der Nebenbuhler trotzdem nicht locker lässt. Sagen Sie ihm, Sie könnten ihm ein paar Telefonnummern geben oder teilen Sie ihm mit, Ihr Date sei heute Abend zwar besetzt, Sie würden ihm aber Bescheid geben, wenn sie Zeit für ihn hätte.

6 **Wenden Sie sich an die Freunde des Nebenbuhlers (falls er welche dabeihat) und bitten Sie sie, ihren Freund zur Ordnung zu rufen.**

7 **Bitten Sie Ihr Date, dem Konkurrenten zu sagen, dass er verschwinden soll.**
Ihr Date sollte ihm sagen, sie fühle sich zwar geschmeichelt, sei aber nicht interessiert.

8 **Gehen Sie, wenn möglich.**
Räumen Sie gemeinsam das Feld, wenn sich eine Schlägerei sonst nicht mehr vermeiden lässt. Schlagen Sie Ihrem Date vor, einen Tisch weiter zu rücken oder in ein anderes Lokal zu gehen. In der Regel trägt eine Schlägerei nicht gerade dazu bei, einen Abend zum Erfolg zu machen.

Behandlung eines blauen Auges

1 **Legen Sie eine kalte Kompresse auf.**
Geben Sie zerstoßenes Eis in eine Plastiktüte und

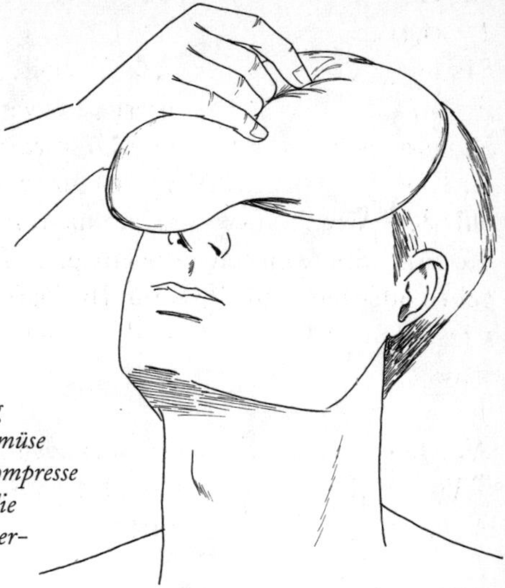

Eine Packung gefrorenes Gemüse kann – als Kompresse eingesetzt – die Schwellung verringern.

wickeln Sie sie in ein Stück dünnen Stoffs. Verwenden Sie alternativ eine Packung gefrorenes Gemüse oder ein kaltes, rohes Steak.

❷ **Setzen Sie sich, legen Sie den Kopf in den Nacken und bedecken Sie Ihr Auge mit der Kompresse.**
Drücken Sie nur ganz leicht. Diese Stellung sorgt dafür, dass auch die Schwerkraft dazu beiträgt, die Schwellung zurückgehen zu lassen. Verwenden Sie ein dickeres Tuch, sollte die Kompresse zu kalt für Ihr Auge sein. Lassen Sie die Kompresse eine Stunde lang auf dem Auge.

❸ **Nehmen Sie ein Schmerzmittel.**
Acetaminophen oder Ibuprofen lindern den Schmerz.

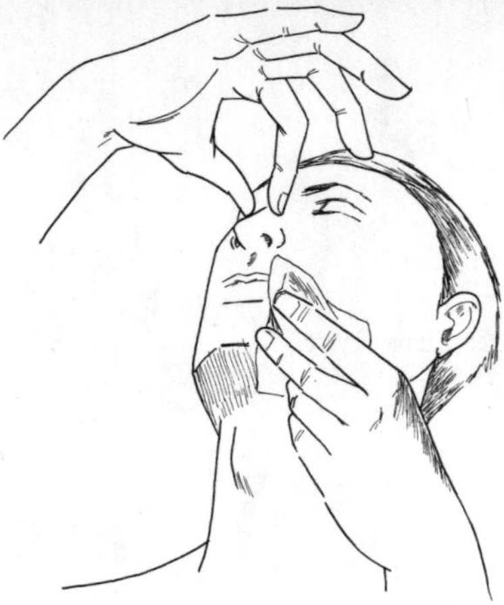

Drücken Sie den Nasenrücken (die Stelle direkt unterhalb des harten Knorpels) fest zusammen, nicht die Nasenlöcher, wenn Sie sich die Nase gebrochen haben. Fangen Sie das Blut unter Ihrer Nase mit einem Tuch auf.

Behandlung einer gebrochenen Nase

❶ **Stoppen Sie die Blutung.**
Legen Sie Ihren Kopf leicht nach hinten. Drücken Sie den Nasenrücken (die Stelle direkt unterhalb des harten Knorpels) zu, nicht die Nasenlöcher. Fangen Sie das Blut unter Ihrer Nase mit einem Tuch auf.

❷ **Legen Sie sofort Eis oder einen kühlenden Beutel auf.**
Lassen Sie Ihren Kopf weiter nach hinten geneigt. Legen Sie so viel Eis auf, dass die Schwellung möglichst gering bleibt.

3 Richten Sie die gebrochene Nase nicht selbst wieder gerade.

Dies sollten Sie nur dann tun, wenn Sie auch durch den Mund kaum noch atmen können. In diesem Fall können Sie versuchen, die Nase so zu adjustieren, dass die Luft wieder hindurch kann. Das wird jedoch sehr wehtun.

4 Gehen Sie zum Arzt.

Achtung!

Folgende Symptome weisen auf eine ernsthaftere Verletzung hin und bedürfen sofortiger ärztlicher Behandlung:

- Die Blutung aus der Nase hört nicht innerhalb von 10 Minuten auf.
- Blutung aus beiden Nasenlöchern.
- Schwierigkeiten bei der Atmung durch die Nase.
- Augenschmerzen, Sehstörungen, Blut an der Oberfläche des Augapfels.
- Austritt von klarer, wässriger Flüssigkeit aus der Nase.
- Schwellungen, Blutergüsse oder Schmerzempfindlichkeit an den Wangen und unter den Augen.

Umgang mit einem betrunkenen Date

❶ **Vermeiden Sie Streit.**
Halten Sie das Gespräch oberflächlich und heiter, aber lassen Sie Ihr Date nichts mehr trinken, wenn Sie merken, dass er betrunken ist (auch wenn er sich dessen vielleicht gar nicht bewusst ist). Schlagen Sie eine Änderung des Plans vor, zum Beispiel einen Spaziergang im Freien.

❷ **Halten Sie Ihr Date auf den Beinen.**
Stützen Sie ihn, wenn nötig. Legen Sie Ihren Arm um seine Hüfte und seinen Arm über Ihre Schulter. Versuchen Sie, ihn am Gürtel aufrecht zu halten, wenn alles andere nicht hilft. Setzen Sie ihn hin und rufen Sie ein Taxi, wenn Sie ihn nicht mehr in der Senkrechten halten können.

❸ **Führen Sie Ihr Date an die frische Luft.**
Die Luft in Bars ist oft verraucht und verbraucht. Sauerstoff nüchtert aus. Gehen Sie mit Ihrem Date langsam im Freien spazieren, damit er frische Luft in die Lungen bekommt. Dadurch wird er wacher und reaktionsfähiger. Geben Sie vor, draußen telefonieren zu müssen, wenn Ihr Date sich weigert, den Raum zu verlassen.

❹ **Ermuntern Sie Ihr Date, sich zu erbrechen.**
Wenn Ihr Date so betrunken ist, dass er nicht mehr gehen und verständlich sprechen kann, sollte er den Alkohol schnellstens aus dem Körper bekommen. Er-

brechen reinigt den Magen und verhindert, dass noch mehr Alkohol ins Blut gelangt. Sorgen Sie dafür, dass Ihr Date viel Flüssigkeit zu sich nimmt, nachdem er sich übergeben hat. Sollte Ihr Date ohnmächtig werden, müssen Sie ihn auf die Seite drehen, damit er nicht an seinem eigenen Erbrochenen erstickt.

❺ **Achten Sie auf Anzeichen einer Alkoholvergiftung.** Warnsignale sind: Schüttelkrämpfe, Unansprechbarkeit, Ohnmacht, Aussetzen der Atmung. Wenn Sie eine Alkoholvergiftung vermuten, sollten Sie Ihr Date in eine Seitenlage bringen, bei ihm bleiben und von einem Umstehenden einen Krankenwagen rufen lassen.

❻ **Helfen Sie Ihrem Date beim Ausnüchtern.** Siehe dazu den nächsten Abschnitt »Schnelles Ausnüchtern«.

Achtung!

- Die bekannten Hausmittel gegen Trunkenheit – Kaffee, kalte Dusche etc. – helfen in der Regel nicht, sie bewirken lediglich, dass der Betrunkene wacher oder nässer wird.
- Ihr Körper baut ein alkoholisches Getränk pro Stunde ab. Egal, ob man ein Gläschen Schnaps (0,02 l), ein kleines Glas Wein (0,1 l) oder Bier (0,2 l) konsumiert – all diese Getränke enthalten die gleiche Menge Alkohol. Sobald man mehr als ein kleines alkoholisches Getränk pro Stunde zu sich nimmt, läuft man Gefahr, sich zu betrinken (und zu vergiften). Trinken Sie zwischendurch immer ein Glas Wasser, um Dehydrierung zu vermeiden.
- Begleiten Sie Ihr betrunkenes Date zur Toilette. War-

ten Sie draußen vor der Tür und halten Sie ihn am Sprechen, um sicherzustellen, dass er bei Bewusstsein bleibt.

Schlagen Sie einen Spaziergang im Freien vor, damit der Betrunkene frische Luft bekommt.

Schnelles Ausnüchtern

❶ **Nehmen Sie keine Tabletten.**
Vor, während und nach der Alkoholaufnahme sollten Sie weder Ibuprofen, Acetaminophen oder Aspirin nehmen. Acetaminophen kann in Verbindung mit Alkohol die Leber schädigen, Ibuprofen starke Magenreizungen verursachen. Aspirin verdünnt das Blut, was den Kater möglicherweise verschlimmert.

❷ **Nehmen Sie viel (nichtalkoholische) Flüssigkeit zu sich.**
Alkohol dehydriert den Körper. Dem beugen Sie am besten vor, indem Sie Wasser, süße Säfte oder isotonische Getränke trinken. Orangen- und Tomatensaft enthalten Kalium, das dem schwummerigen Gefühl bei einem starken Kater entgegenwirkt.

❸ **Schlucken Sie Vitamine.**
Gute Multivitamin- oder Vitamin-B-Präparate verhindern Vitaminmangel.

❹ **Essen Sie etwas.**
Die Stärke aus Nahrungsmitteln – Brot, Kekse, Reis und Nudeln beinhalten besonders viel Stärke – wird im Körper zu Zucker umgewandelt. Dieser beschleunigt die Absorption des Alkohols durch den Körper. Ein Löffel Honig (reich an Fruktose) hilft bei der schnellen Verbrennung des noch im Magen verbliebenen Restalkohols. Hören Sie auf die Signale Ihres Körpers: Wenn Sie Lust auf Eier bekommen, essen Sie welche. Ist Ihnen aber nach etwas Scharfem, sollten Sie Scharfes

essen. Es gibt keine »richtigen« oder »falschen« Nahrungsmittel für die Bekämpfung eines Katers – denken Sie aber daran, bedächtig und nur kleine Mengen zu essen.

❺ Ruhen oder schlafen Sie so lange wie möglich.

❻ Wiederholen Sie die Schritte 2 bis 5, wenn Sie mit einem Kater aufwachen.

Vorbeugung gegen einen Kater

- Essen Sie, bevor Sie zu trinken beginnen, und nehmen Sie während des Trinkens Snacks zu sich.
- Falls Sie vorher nichts essen: Kleiden Sie Ihre Magenwände aus, indem Sie ein Glas Milch trinken.
- Trinken Sie gleichmäßig und nehmen Sie zwischendurch immer ein Glas Wasser zu sich.
- Trinken Sie klare Schnäpse. Manche Alkoholika, zum Beispiel Rotwein, Brandy (auch Cognac) und Whisky enthalten mehr chemische Nebenprodukte als andere. Allgemein gilt: je klarer das Getränk, desto weniger Nebenprodukte und desto weniger schlimm der Kater.
- Die Kohlensäure in Sekt und kohlensäurehaltigen Mixgetränken sorgt für eine schnellere Aufnahme des Alkohols in den Blutkreislauf. Trinken Sie diese Getränke bedächtig.
- Beachten Sie die gesetzlichen Alkoholgrenzen. EU-weit soll bald eine einheitliche Alkoholgrenze von 0,5 Promille gelten (wie in Deutschland bereits heute). Doch Vorsicht: Wenn Sie einen Unfall verursachen, tragen Sie unter Umständen schon ab einer Blutalkoholkonzentration von 0,3 Promille eine Mitschuld.

- Trinken Sie nicht durcheinander. Jedes alkoholische Getränk hat andere Giftstoffe, die von Ihrer Leber verarbeitet werden müssen. Überlasten Sie sie nach Möglichkeit nicht.
- Essen Sie eine Banane oder Käse und Kräcker, bevor Sie ins Bett gehen.
- Stellen Sie neben dem Bett Wasser bereit und trinken Sie davon, wenn Sie nachts aufwachen.

Tragen eines ohnmächtigen Dates

❶ **Richten Sie es so ein, dass Sie die Person nur über eine kurze Strecke tragen müssen.**
Steuern Sie am besten ein in der Nähe stehendes Sofa, Taxi oder Bett an. Versuchen Sie nicht, den Ohnmächtigen über eine längere Strecke zu tragen.

❷ **Nehmen Sie die Ausgangsposition ein.**
Gehen Sie in die Knie und greifen Sie mit Ihrem stärkeren Arm unter den Rücken des Ohnmächtigen, mit dem anderen unter die Knie. Greifen Sie ganz unter seinem Körper durch.

❸ **Beginnen Sie, Ihr Date hochzuheben.**
Drücken Sie aus Beinen und Knien, nicht aus dem Kreuz. Halten Sie Ihren Rücken gerade und den Ohnmächtigen nahe am Körper.

❹ **Stehen Sie rasch auf.**
Drehen Sie den Körper Ihres Dates in einer fließenden Bewegung, sodass der stärkere Arm (meist der rechte) ihn über die gegenüberliegende (also meist die linke) Schulter führt. Bewegen Sie sich, als schulterten Sie einen Sack Kartoffeln. Sein Oberkörper sollte jetzt an Ihrem Rücken herunterhängen, sein Unterkörper an Ihrer Vorderseite. Halten Sie ihn mit beiden Armen in dieser Position.

❺ **Steuern Sie Ihr Ziel an.**

Greifen Sie mit dem stärkeren Arm unter den Rücken des Ohnmächtigen, mit dem anderen unter die Knie.

Halten Sie den Rücken aufrecht und drücken Sie aus den Knien heraus.

Wuchten Sie den Körper des Ohnmächtigen in einer drehenden Bewegung über Ihre Schulter. Bewegen Sie sich, als schulterten Sie einen Sack Kartoffeln.

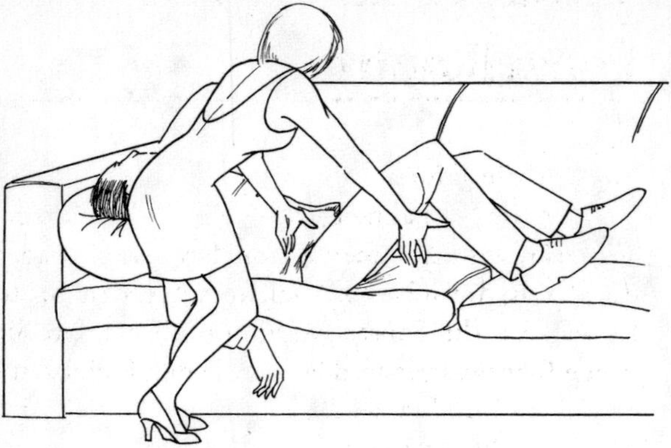

Lassen Sie Ihr Date von Ihrer Schulter auf ein Bett oder Sofa gleiten.

❻ **Legen Sie den Ohnmächtigen ab.**
Beugen Sie dabei Ihre Knie und halten Sie den Rücken aufrecht. Lassen Sie Ihr Date sanft von der Schulter auf ein Bett, ein Sofa oder einen Stuhl gleiten.

Verhalten bei einer Polizeikontrolle

❶ **Stoppen Sie sofort.**
Bringen Sie Ihr Fahrzeug dort zum Halten, wo es Ihnen angezeigt wird. Nehmen Sie die Sonnenbrille ab, drehen Sie das Radio leise und schalten Sie den Motor aus. Lassen Sie Ihr Fenster herunter. Vermeiden Sie hektische Bewegungen und lassen Sie den Polizisten immer sehen, wo Ihre Hände sind. Vergewissern Sie sich, dass auch Ihr Date sich so verhält.

Sprechen Sie respektvoll mit dem Polizisten. Damit vermeiden Sie unnötige Irritationen und bringen die Sache schneller und einfacher hinter sich.

❷ **Sprechen Sie respektvoll mit dem Polizisten.**
Damit vermeiden Sie unnötige Irritationen und bringen die Sache schneller und einfacher hinter sich.

❸ **Sagen Sie stets die Wahrheit über Ihr Sündenregister.**
Der Polizeibeamte weiß normalerweise bereits, was Sie auf dem Kerbholz haben (oder findet es bald heraus). Behaupten Sie nicht, ein unbeschriebenes Blatt zu sein, wenn Sie schon den einen oder anderen Punkt in der Verkehrssünderkartei haben.

❹ **Brechen Sie keinen Streit mit dem Beamten vom Zaun.**
Das lässt Sie vor Ihrem Date blöd und/oder arrogant aussehen und bringt gar nichts. Geben Sie dem Beamten keinen Anlass, Sie auf den Kieker zu nehmen. Denken Sie daran: Beamtenbeleidigung ist nicht nur unhöflich, sondern auch teuer.

❺ **Spielen Sie nicht das Unschuldslamm, wenn der Beamte Ihre Übertretung gesehen hat.**
Leugnen oder faule Ausreden verärgern den Beamten nur.

❻ **Nutzen Sie die Gegenwart Ihres Dates.**
Appellieren Sie an das Verständnis des Beamten, indem Sie in etwa Folgendes sagen: »Das tut mir wirklich sehr Leid. Ich befinde mich gerade in einem Rendezvous und war wohl ziemlich abgelenkt. Ich war ein wenig nervös und habe wohl mehr auf mein Date geachtet als auf meinen Fahrstil. Aber jetzt reiße ich mich zusammen.« Hat der Beamte einen Sinn für Romantik, kommen Sie damit vielleicht sogar ganz ungeschoren davon.

Verhalten nach einer Verhaftung

❶ Verständigen Sie Ihre Angehörigen.

❷ Schalten Sie einen Anwalt ein, falls nötig.

Kapitel 4

Überlebenstechniken im Schlafzimmer

Umgang mit einem schlechten Küsser

Zu aggressiv

1. **Bremsen Sie ihn.**
   Bitten Sie ihn, sanfter zu küssen. Sagen Sie: »Darf ich dir zeigen, wie ich mir einen Kuss vorstelle?«, und nähern Sie Ihr Gesicht langsam dem seinen.

2. **Küssen Sie ihn.**

3. **Beenden Sie den Kuss.**
   Indem Sie nur kurz küssen, zeigen Sie Ihrem Date, dass er sich zurückhalten soll.

4. **Nehmen Sie sein Gesicht sanft in Ihre Hände.**
   Damit liebkosen Sie ihn – und hindern ihn gleichzeitig daran, gleich wieder zum Kuss anzusetzen.

5. **Neigen Sie seinen Kopf.**
   Bringen Sie mit den Händen seinen Kopf in die bequemste Stellung. Neigen Sie Ihren Kopf entsprechend.

6. **Bedecken Sie die Gegend um seinen Mund mit sanften Küssen.**
   Verstärken Sie die Botschaft, indem Sie seufzen und »so mag ich es« sagen.

7. **Wiederholen Sie diese Schritte nach Bedarf.**

Achtung!
Leidenschaftliche Zungenküsse mögen angesagt sein, wenn Sie so richtig in Fahrt kommen, sind aber in der Frühphase fehl am Platz. Passen Sie aber auf, dass Sie Ihren Partner nicht völlig davon abschrecken, etwas zu tun, das Ihnen später sehr wohl gefallen könnte.

Zu passiv

❶ **Schauen Sie Ihrem Date in die Augen.**
Ein warmer, lächelnder Blick signalisiert Zuneigung und dass etwas passieren wird.

❷ **Nehmen Sie sein Gesicht zwischen Ihre Hände.**

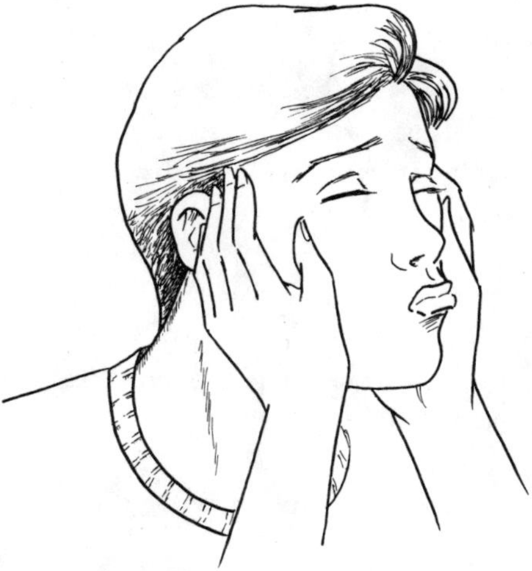

Bringen Sie mit den Händen seinen Kopf in die bequemste Stellung. Neigen Sie Ihren Kopf entsprechend. Nutzen Sie Ihre Hände, um ihn auf Abstand zu halten oder an sich zu ziehen.

❸ **Küssen Sie ihn leidenschaftlich.**
Der Kuss sollte so tief und leidenschaftlich sein, wie Sie seine Küsse gerne hätten. Denken Sie daran, sein Gesicht zu neigen, bevor Sie ihn küssen.

❹ **Lösen Sie den Kuss.**
Murmeln Sie: »Du kannst mich ruhig leidenschaftlicher küssen.« Sie nehmen die Situation in die Hand.

❺ **Machen Sie eine kurze Pause und schätzen Sie die Situation ein.**
Wenn Sie noch immer nicht das erhoffte Ergebnis bekommen – seine Zunge reagiert nicht –, sollten Sie mit den Zungenküssen aufhören und nur noch mit den Lippen küssen.

Achtung!

Möglicherweise haben Sie es mit einem Partner zu tun, der Ihre Küsse zu aggressiv findet, und sich passiv widersetzt, anstatt Sie mit der oben beschriebenen Methode zu bremsen.

Zu feucht

❶ **Beschränken Sie sich auf Lippenküsse.**
Dringen Sie nicht in den Mund vor.

❷ **Wischen Sie überschüssige Feuchtigkeit mit den Daumen ab.**
Zeichnen Sie seine Lippen sanft mit dem Daumen oder einem anderen Finger nach. Er wird dies als zärtliche Geste auffassen.

Der perfekte Kuss

❶ **Umfassen Sie sein Gesicht mit den Händen.**
Sehen Sie ihm in die Augen.

❷ **Neigen Sie seinen Kopf zur Seite.**

❸ **Neigen Sie Ihren Kopf.**

❹ **Nähern Sie Ihren Mund dem seinen.**
Tun Sie dies langsam.

❺ **Legen Sie Ihre Lippen sanft auf seine.**
Beschränken Sie sich anfangs auf die Lippen und geben Sie ihm schnelle, sanfte Küsse. Öffnen Sie Ihre Lippen langsam und lassen Sie Ihre Zunge leicht hervorschnellen und seine Lippen berühren. Damit finden Sie zuverlässig heraus, wie Ihr Partner auf eine Intensivierung des Kusses reagieren wird. Gehen Sie zur nächsten Stufe über, wenn er seine Lippen öffnet.

❻ **Gehen Sie mit der Zunge vorsichtig auf Erkundung.**
Öffnen Sie Ihren Mund weiter und schieben Sie Ihre Zunge in seinen Mund. Erkunden Sie die verschiedenen Bereiche seines Mundes. Lassen Sie die Zunge über seine Zähne gleiten. Stellen Sie sich dabei vor, Ihre und seine Zungen würden miteinander fechten, mit Attacken, Paraden und Risposten.

❼ **Legen Sie öfters Pausen ein.**
Wenn Sie sich gegenseitig die Zunge zu lange in den Mund stecken, kommt ein sehr schlabbriger, nasser

Kuss heraus. Lösen Sie Ihren Kopf immer mal wieder von seinem. Das lässt Sie wieder zu Atem kommen.

❽ **Hören Sie rechtzeitig auf.**
Beenden Sie das Küssen, bevor Ihnen Ihr Kiefer wehtut oder Sie beide erschöpft sind. Damit verhindern Sie, dass Sie oder er der Sache überdrüssig werden. Und vielleicht ist es ja auch an der Zeit, zu anderen Aktivitäten überzugehen.

Achtung!

Nehmen Sie Ihre Brille ab, bevor Sie sich ausgiebig küssen. Küsst man sich nur kurz und nicht so intensiv, kann man sie aufbehalten. Generell gilt aber: Brillen verhindern eine weitere Annäherung, weil sie beschlagen oder gar zerkratzt werden könnten. Legen Sie sie an einem sicheren Ort ab, wo sie auch einen Sturm der Leidenschaft unbeschädigt übersteht.

Ablegen von komplizierten Kleidungsstücken

BH mit Rückenverschluss (einhändiges Entfernen)

1. **Ziehen Sie Ihr Date nach vorn.**
   Liegt Ihr Date auf dem Rücken oder sitzt auf einem Sofa, dann haben Sie nicht den nötigen Platz, um dieses Manöver zu starten. Umarmen Sie sie sanft und bringen Sie sie in eine Position, in der ihr Rücken zugänglich ist.

2. **Stellen Sie sich den Verschluss vor.**
   Die meisten BHs haben einen Verschluss mit Haken und Ösen. Die Haken befinden sich meist auf ihrer rechten Seite, die Ösen auf der linken.

3. **Ertasten Sie den Verschluss mit der rechten Hand.**
   Krümmen Sie Ihren Zeigefinger über den Verschluss und schieben Sie ihn zwischen Stoff und Haut.

4. **Drücken Sie Ihren Daumen gegen die Ösen des Verschlusses.**

5. **Drücken Sie mit dem Zeigefinger nach unten, und schieben Sie mit dem Daumen gegen die Ösen in Richtung Haken.**
   Es braucht vielleicht einige Versuche, bis Sie das richtig beherrschen. Lassen Sie sich nicht entmutigen, sondern üben Sie.

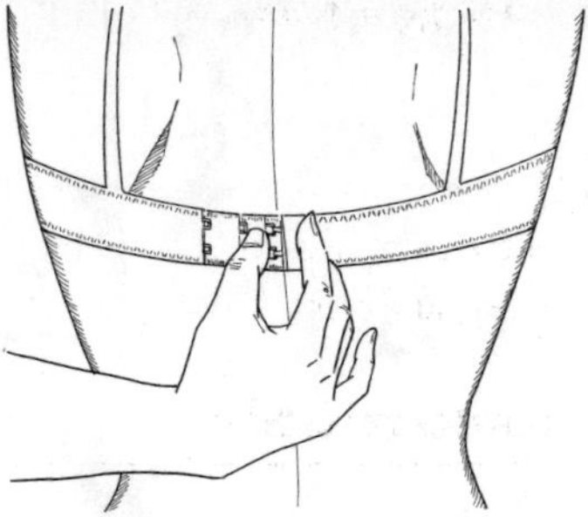

Drücken Sie Ihren Daumen gegen die Ösen des Verschlusses.

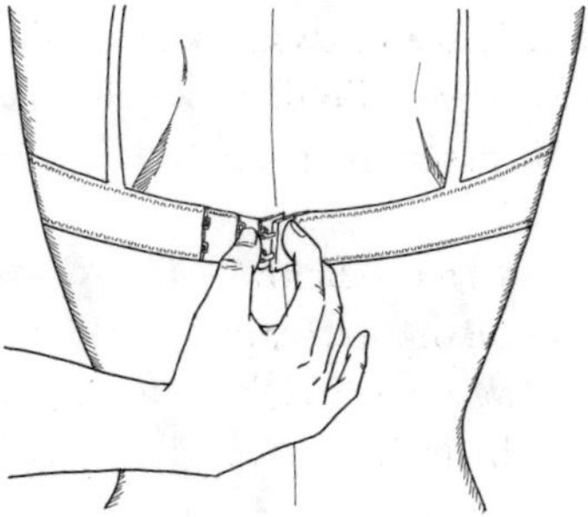

Drücken Sie mit dem Zeigefinger nach unten und schieben Sie mit dem Daumen gegen die Ösen Richtung Haken.

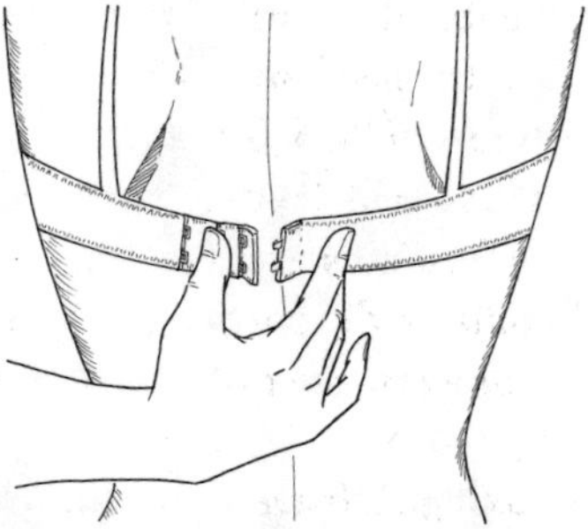

Lassen Sie den geöffneten BH von ihren Armen gleiten.

❻ **Lassen Sie den geöffneten BH sanft von ihren Armen gleiten.**

Achtung!

Je größer der Busen, desto schwieriger das Unterfangen, weil mehr Zug auf dem Verschluss des BHs liegt.

BH mit Vorderverschluss

❶ **Identifizieren Sie den Verschlusstyp.**
Es gibt zwei Typen: den Stift-im-Schlitz-Verschluss und den Klickverschluss. Beim ersten wird ein Stift senkrecht in einen Schlitz eingeführt. Klickverschlüsse sehen geschlossen oft kreisförmig oder oval aus.

❷ **Bei einem Stift-im-Schlitz-Verschluss: Ziehen Sie den Stift nach oben heraus.**
Damit trennen Sie die beiden Körbchen. Gehen Sie direkt zu Schritt 4.

❸ **Bei einem Klickverschluss: Drücken Sie mit beiden Daumen auf die Mitte des Verschlusses.**
Ziehen Sie dabei die seitlichen Ränder des Verschlusses leicht zu sich (stellen Sie sich vor, Sie wollten eine Oblate zerbrechen). Üben Sie sanften Druck aus, bis der Klickverschluss sich löst. Heben Sie dann die beiden Hälften des Verschlusses an und trennen Sie sie. Je nach Verschluss müssen Sie zuerst die rechte bzw. linke Hälfte anheben. Probieren Sie es einfach.

❹ **Lassen Sie den geöffneten BH von ihren Armen gleiten.**

Achtung!
Halten Sie nach Möglichkeit während der ganzen Prozedur Augenkontakt mit Ihrer Partnerin. Damit verhindern Sie, dass Intimität verloren geht. Werfen Sie nur im Notfall einen schnellen Blick auf den Verschluss.

Enge Stiefel

1. **Streuen Sie Puder in den Schaft der Stiefel.**
Talkumpuder oder Backpulver absorbieren Schweiß und Feuchtigkeit in den Stiefeln. Dadurch lassen sie sich leichter abstreifen.

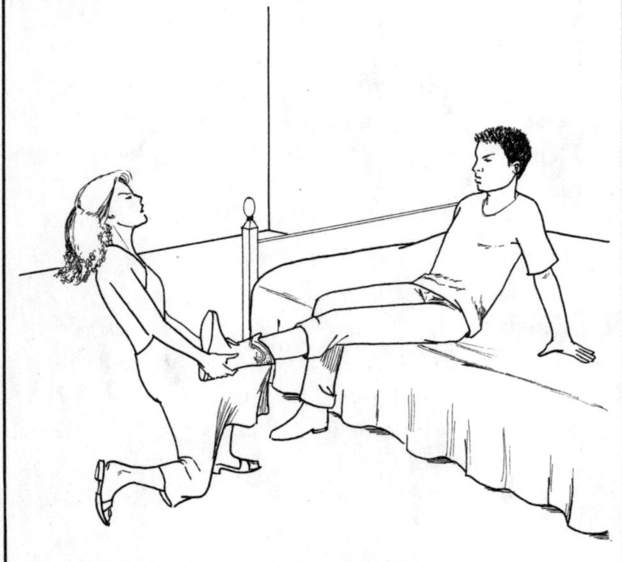

Üben Sie mit der rechten Hand einen festen, stetigen Zug aus. Reißen Sie nicht am Stiefel, sonst riskieren Sie, Ihr Date zu verletzen.

❷ **Setzen Sie Ihr Date an die Kante eines Betts oder Sofas.**

❸ **Positionieren Sie sich Ihrem Date gegenüber.**
Setzen Sie sich in einen Stuhl, der an die Wand gelehnt steht, oder knien Sie sich mit einem Bein auf den Boden, der andere Fuß ist flach auf den Boden gestemmt.

❹ **Umfassen Sie die Hacke des Stiefels mit der rechten Hand.**
Legen Sie die Linke auf den vorderen Teil des Stiefels, der Schienbein bzw. Fuß bedeckt. Weisen Sie Ihr Date an, den Fuß im Stiefel zu entspannen.

❺ **Üben Sie mit der rechten Hand einen festen, stetigen Zug aus.**
Der Stiefel sollte sich an der Hacke jetzt ein wenig lösen. Rührt sich nichts, dann bewegen Sie den Stiefel vorsichtig vor und zurück. Ihr Date sollte den Fuß nur leicht strecken. Reißen Sie nicht am Stiefel, sonst riskieren Sie, Ihr Date zu verletzen.

❻ **Ziehen Sie den Stiefel langsam vom Fuß.**
Liebkosen Sie den befreiten Fuß.

Vortäuschen eines Orgasmus

❶ **Beginnen Sie Lautstärke und Bewegungen zu steigern.** Fangen Sie während des Geschlechtsverkehrs an, lauter zu werden und sich rhythmisch zu bewegen.

❷ **Stöhnen und schreien Sie immer lauter und intensiver.** Wiederholen Sie zum Beispiel den Namen Ihres Partners immer wieder. Viele Leute fangen in Ekstase an, völlig unverständliches Zeug von sich zu geben. Probieren Sie das gelegentlich einmal aus.

❸ **Bewegen Sie sich immer schneller und geraten Sie dann zunehmend »außer Kontrolle«.** Beschleunigen Sie Ihre Bewegungen (vor allem der Hüften), wenn Sie sich dem »Höhepunkt« nähern. Vollführen Sie zuckende Bewegungen. Wenn Sie nicht von Anfang an mit Körper und Stimme einen gewissen Enthusiasmus vorgespielt haben, wird der falsche Orgasmus sehr künstlich wirken. Also müssen Sie schon früh beginnen, Leidenschaft vorzugaukeln. (Anmerkung: Falls Sie normalerweise beim Geschlechtsverkehr die Hüften nicht bewegen, sollten Sie das mal probieren. Vielleicht wird Sie dies so erregen, dass Sie gar nicht mehr so viel vorspielen müssen.)

❹ **Spannen Sie Ihre Muskeln an.** Bei vielen Leuten ist das ein unwillkürlicher Nebeneffekt eines Orgasmus. Klassische Beispiele: verkrampfte Zehen, Finger, die sich ins Betttuch krallen. Sie können auch den Rücken wölben, die Gesichtsmuskeln verzerren oder Ihren Mund weit öffnen.

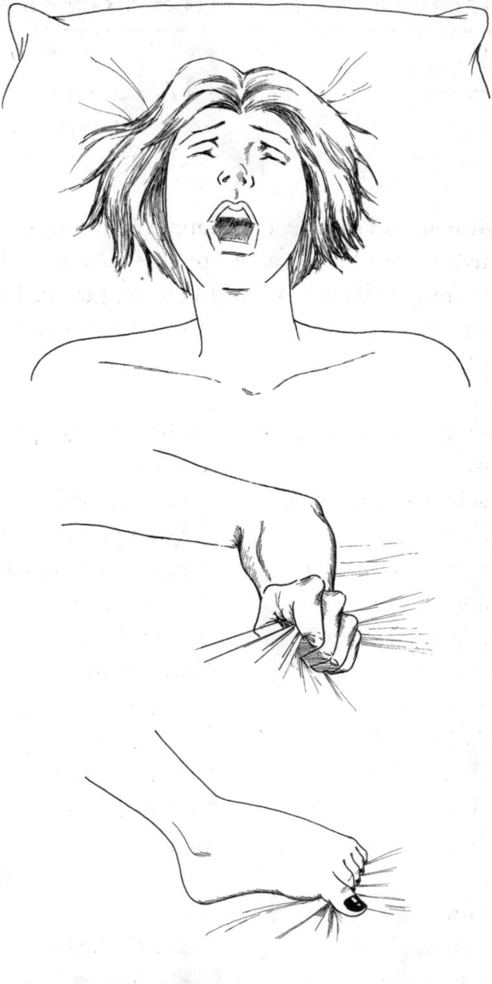

Orgasmen werden oft von lautem Stöhnen oder Schreien und von unwillkürlichen Muskelkontraktionen, zum Beispiel an Fingern und Zehen, begleitet.

5. **Steigern Sie die Lautstärke des Stöhnens und bewegen Sie sich ungestümer.**

6. **Kommen Sie mit einem lauten Stöhnen oder Schrei zum »Höhepunkt«.**

7. **Stoppen Sie sofort danach Ihre Bewegungen und spannen Sie Ihren Körper an.**

8. **Entspannen Sie sich, als wären Sie erschöpft oder verausgabt.**
   Lächeln Sie befriedigt.

Erkennen eines echten Orgasmus

Echte Orgasmen sind oft weniger theatralisch und laut als vorgespielte. Manche Leute kommen leise und geben nur wenige sichtbare Signale. Echte Orgasmen weisen oft einige oder alle der folgenden Elemente auf:

- veränderte Atmung
- lauter werdendes Stöhnen
- intensiver werdende Bewegungen
- unwillkürliche Muskelkontraktionen
- rosa oder rötliche Verfärbung der Gesichts- und Brusthaut.
- Schweiß auf den Schultern
- Kontraktionen der Unterleibsmuskeln.

Achtung!

- Fragen Sie sich, ob Sie wirklich einen Orgasmus vortäuschen wollen. Damit vermitteln Sie Ihrem Partner nämlich die Botschaft, dass Sie Sex mit ihm mehr genießen als Sie es tatsächlich tun. Gerade wenn Sie in einer länger dauernden Partnerschaft mit ihm sind, sollten Sie sich echt überlegen, ob Sie ihm das Gefühl vermitteln sollen, dass er alles richtig macht, obgleich das nicht der Fall ist. Auch bei einem One-Night-Stand bringt ein gespielter Orgasmus nichts: Was sollte es Sie kümmern, ob Ihr Partner glaubt, Sie hätten einen Orgasmus gehabt?

- Auch Männer können Orgasmen vortäuschen, vor allem, wenn sie Kondome benutzen.
- Werfen Sie Ihrem Partner nicht vor, Orgasmen vorzutäuschen, selbst wenn er keine Zeichen übermäßiger Ekstase zeigt. Umgekehrt sollten Sie ihm ebenfalls keine Schauspielerei vorwerfen, auch wenn sein Orgasmus alle Anzeichen für einen vorgetäuschten Höhepunkt aufweist.

Schaffung von Privatsphäre in unverschließbaren Räumen

Blockieren einer Tür, die nach innen aufgeht

❶ **Suchen Sie einen Stuhl aus Holz oder Metall mit gerader Rückenlehne.**

❷ **Schließen Sie die Tür.**

❸ **Stellen Sie den Stuhl etwa 30 Zentimeter von der Tür entfernt auf.**
Die genaue Entfernung hängt von der Höhe der Rückenlehne ab.

❹ **Kippen Sie den Stuhl nach hinten, sodass sich das obere Ende der Lehne unter dem Türknopf verkeilt.**
Die Sitzfläche sollte nach oben zeigen. Verschieben Sie den Stuhl so weit nach vorne oder hinten, bis die Lehne genau unter den Türknopf passt.

❺ **Drücken Sie das vordere Ende der Sitzfläche oder das untere Ende der vorderen Stuhlbeine nach unten.**
Treten Sie gegen die Stuhlbeine, sobald der Stuhl sich gut verkeilt hat. Dadurch sitzt er noch fester.

❻ **Stellen Sie ein großes Möbelstück (Truhe, Schrank o. ä.) direkt an den Stuhl.**
Damit sichern Sie den Stuhl zusätzlich, und es wird extrem schwierig, die Tür von außen zu öffnen.

Kippen Sie den Stuhl nach hinten, sodass sich das obere Ende der Lehne unter dem Türknopf verkeilt.

Blockieren einer Tür, die nach außen aufgeht

Binden Sie den Türknauf mit Hilfe eines Seils, Elektrokabels, einer Angel- oder Telefonschnur an den Fuß eines schweren Schranks oder eines anderen unbeweglichen Objekts. Führen Sie das Seil mehrfach um den Türknauf, damit es nicht herunterrutschen kann. Stellen Sie sicher, dass das Seil straff zwischen der Verankerung und dem Türknauf gespannt ist. Jetzt schafft es keiner mehr, die Tür aufzuziehen.

Alarmanlage

1. **Suchen Sie stapelbare Gegenstände zusammen, die Krach machen, wenn sie zu Boden fallen.**
Am besten funktionieren leere Getränkedosen (sechs bis zehn Stück). Notfalls tun es auch Einmachgläser oder Flaschen, doch das Glas könnte zerbrechen.

2. **Wählen Sie eine geeignete Tür.**
Sichern Sie am besten eine Tür zu einem Vorzimmer; das lässt Ihnen eine längere Vorwarnzeit, wenn jemand kommt. Versehen Sie zum Beispiel die Eingangstür mit der »Alarmanlage«, auch wenn Sie sich im Schlafzimmer aufhalten.

3. **Schließen Sie die Tür.**

4. **Stapeln Sie die Gegenstände, sodass der Turm an die Tür gelehnt steht.**

5. **Ziehen Sie sich in Ihr Zimmer zurück.**
Sobald jemand die gesicherte Tür öffnet, fällt der Turm mit Krach um. Das warnt Sie, dass jemand kommt.

Alternative

Binden Sie mehrere Dosen, Glocken oder Ähnliches an den Türknauf. Wenn jemand versucht, die Tür zu öffnen, schlagen die Objekte gegeneinander und warnen Sie.

Sex auf engstem Raum

Flugzeugtoilette

1. **Vereinbaren Sie einen festen Zeitpunkt für Ihr Treffen.**
Wählen Sie eine Zeit, in der die Wahrscheinlichkeit am geringsten ist, dass Sie Schlange stehen müssen oder gestört werden. Erfahrungsgemäß eignet sich dafür am besten der Zeitpunkt, kurz bevor das Flugzeug seine Reiseflughöhe erreicht, und während des Bordfilms.

2. **Achten Sie während des Steigflugs auf einen Piepton über die Bordlautsprecher.**
Der erste Piepton wird nicht von einer Ansage begleitet und zeigt dem Bordpersonal, dass die Reiseflughöhe fast erreicht wurde und es seine Vorbereitungen gefahrlos beginnen kann. Die BITTE ANSCHNALLEN-Zeichen leuchten noch, doch die Flugbegleiter erheben sich bereits. Stehen Sie auf und gehen Sie Richtung Toilette, sobald die Flugbegleiter sich aus dem Gang entfernt haben. Wählen Sie nach Möglichkeit eine Kabine, die nicht von der Galley (wo das Bordpersonal die Mahlzeiten vorbereitet) einsehbar ist. Lassen Sie Ihren Partner frühestens eine Minute später nachkommen. Warten Sie, bis Sie die Getränkewagen vorbeifahren hören. Jetzt beginnen die Flugbegleiter Getränke zu servieren und blockieren den Gang mit den Getränkewagen. Sie bleiben also ungestört. Gehen Sie alternativ (oder zusätzlich) zu Schritt 3.

3. **Treffen Sie sich während des Bordfilms.**
Planen Sie Ihr Rendezvous zu Anfang des Films, am

besten, wenn er schon mindestens eine Viertelstunde läuft. Während des Bordfilms halten sich Passagiere und Bordpersonal meist nicht auf den Gängen und in der Galley auf. Das verschafft Ihnen mehr Privatsphäre. Gehen Sie zuerst auf die Toilette und lassen Sie Ihren Partner eine Minute später nachkommen.

❹ **Schließen Sie den Toilettendeckel und reinigen Sie ihn.**
Wischen Sie die Oberfläche mit einem Erfrischungstuch ab, falls vorhanden, oder mit einem nassen Papierhandtuch, auf das Sie ein wenig Seife geben. Um das Ganze hygienischer zu machen, können Sie den Sitz auch mit Papierhandtüchern oder Toilettenbrillenabdeckungen bedecken.

❺ **Seien Sie leise und schnell.**
Es bleibt Ihnen nicht viel Zeit, bis die Leute vor der Tür Schlange stehen.

❻ **Stellen Sie sich auf Turbulenzen ein.**
Die sichersten Stellungen sind diejenigen, wo ein Partner auf dem geschlossenen Toilettendeckel sitzt, denn so hat niemand seinen Kopf in der Nähe der Kabinendecke. Selbst wenn Sie in ein Luftloch geraten, stößt sich keiner den Kopf.

❼ **Halten Sie sich fest, wenn Sie in Turbulenzen geraten.**
Klammern oder stützen Sie sich gegen das Waschbecken und versuchen Sie nicht, aufzustehen oder sich zu bewegen. Bleiben Sie, wo Sie sind, und warten Sie ab.

❽ **Verlassen Sie die Toilette gemeinsam und täuschen Sie Übelkeit vor.**
Geschlechtsverkehr in Flugzeugtoiletten ist illegal; leugnen Sie also in dem unwahrscheinlichen Fall, dass Sie jemand direkt darauf anspricht. Erzählen Sie Stewardess und Passagieren, dass es einem von Ihnen übel geworden sei und der andere Beistand geleistet hätte.

Fahrstuhl

❶ **Wählen Sie ein Gebäude mit einem älteren Fahrstuhl.**
Viele ältere Modelle haben einen Nothalt-Schalter, der Ihnen erlaubt, den Fahrstuhl anzuhalten. Manchmal lösen Sie damit eine Alarmglocke aus, aber das sollte Sie nicht stören: Sie haben mindestens 10 bis 15 Minuten Zeit, vielleicht sogar eine Stunde, bis Feuerwehrleute oder andere Retter sich Zugang zur Kabine verschaffen.

❷ **Suchen Sie alternativ einen Lastenaufzug mit gepolsterten Wänden.**
Bei Lastenaufzügen lösen Sie mit der Betätigung des Nothalt-Schalters seltener einen Alarm aus. Die Polsterung dämpft außerdem Geräusche und macht die Sache bequemer.

❸ **Halten Sie nach einer Kamera Ausschau.**
Praktisch haben alle neuen Aufzüge Sicherheits-Kameras, ebenso wie einige ältere Modelle, auch Lastenaufzüge. Bedecken Sie die Linse einer eventuell vorhandenen Kamera (meist in einer hinteren Ecke) mit Klebeband oder Briefmarken. Allerdings könnte das Sicherheitssystem auch mit einer Audio-Anlage ausgerüstet sein.

❹ Halten Sie den Fahrstuhl zwischen zwei Etagen an.
Eine mechanische Vorrichtung verhindert, dass die äußeren Fahrstuhltüren (zu den Etagen) geöffnet werden, solange sich die Kabine nicht direkt dahinter befindet. Befindet die Kabine sich zwischen zwei Etagen, kommt niemand ohne weiteres in den Fahrstuhlschacht.

❺ Stellen Sie den Nothalt-Schalter wieder auf Fahrtstellung, bevor Sie den Aufzug verlassen.
Steigen Sie ganz normal aus. Erklären Sie eventuell eingetroffenem Rettungspersonal, dass der Aufzug stecken geblieben sei, es Ihnen aber gut gehe.

Achtung!

Hält der Fahrstuhl genau auf Höhe einer Etage an, so kann ein Aufzug-Mechaniker sowohl die äußeren als auch die inneren Türen öffnen.

Umkleidekabine

❶ Suchen Sie nach einer Umkleidekabine, deren Wände und Tür bis zum Boden reichen.
Wenn alle Kabinen unten offen sind, sollten Sie eine mit Tür statt eines Vorhangs wählen. Sehen Sie sich nach den unbelebtesten oder am schwächsten überwachten Bereichen des Geschäfts um, in dem Sie sich befinden, und nehmen Sie eine dort gelegene Kabine. Manche Umkleidekabinen verfügen über kaum erkennbare Sicherheitssysteme (zum Beispiel Spiegel, durch die man von hinten durchsehen kann); es gibt also keine Garantie, dass Sie nicht beobachtet werden.

2. **Nehmen Sie Kleidungsstücke in die Hand, als ob Sie sie anprobieren wollten.**
Warten Sie, bis der Verkäufer von einem anderen Kunden in Beschlag genommen wird. Schlüpfen Sie in einem unbeobachteten Augenblick in die Umkleide.

3. **Lassen Sie Ihren Partner einige Minuten später nachkommen.**

4. **Seien Sie leise.**
Die Wände von Umkleidekabinen sind dünn.

5. **Seien Sie schnell.**
Geschwindigkeit ist alles, vor allem, wenn man Ihre Füße von außen sehen kann.

6. **Verlassen Sie die Kabine getrennt.**
Überprüfen Sie Ihr Aussehen im Spiegel und lassen Sie die Ware in der Kabine. Befinden Sie sich in der Damenabteilung, sollte die Frau als Erste die Kabine verlassen und prüfen, ob die Luft rein ist. Umgekehrtes gilt für die Herrenabteilung.

Achtung!

Damit in Flugzeugen, Aufzügen und Umkleidekabinen nichts behindert und alles reibungslos abläuft, sollten Sie unbedingt locker sitzende, weite Kleidung tragen. Ziehen Sie keine Unterwäsche an.

Abstellen von Schnarchen

1 Drehen Sie Ihre Partnerin zur Seite oder auf den Bauch.

Wer auf dem Rücken liegt, schnarcht eher. Drehen Sie Ihre Partnerin, wenn Sie auf dem Rücken eingeschlafen ist, wie folgt:

- Anheben des Kopfkissens: Ergreifen Sie die nächstliegende Ecke ihres Kopfkissens (falls der Kopf seitlich liegt: die Ecke, in die sie blickt) und heben Sie es an, bis sie anfängt, sich zur Seite zu drehen. Dadurch wacht sie möglicherweise kurz auf und hört auf zu schnarchen.

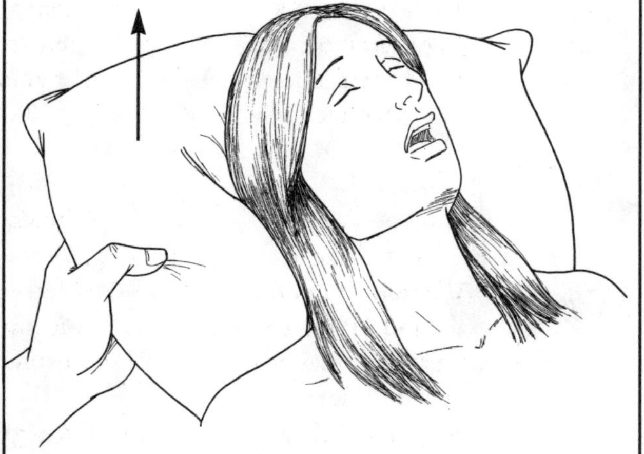

Ergreifen Sie die nächstliegende Ecke ihres Kopfkissens und heben Sie es an, bis sie anfängt, sich zur Seite zu drehen.

- Das Bett-Beben: Drehen Sie sich mit einer besonders heftigen Bewegung im Bett um (von einer Seite auf die andere, vom Bauch auf den Rücken). Sorgen Sie dafür, dass das Bett »wackelt«. Oft stören Sie sie damit so sehr, dass auch sie sich umdreht.

❷ **Wecken Sie Ihre Partnerin auf.**
Versagen die subtileren Methoden, dann müssen Sie nachdrücklicher werden. Ein strategisch platzierter Ellbogenrempler oder ein sanfter Tritt sorgen dafür, dass Ihre Partnerin aufwacht. Wiederholen Sie dies, bis es wirkt.

❸ **Benutzen Sie Ohrstöpsel.**
Seien Sie aufs Schlimmste vorbereitet – halten Sie Ohrstöpsel bereit. Notfalls tun es auch zusammengedrückte Wattebäusche oder sogar Kugeln aus Toilettenpapier. Als letzte Möglichkeit bleibt Ihnen noch, in getrennten Zimmern zu schlafen. Das ist vielleicht nicht romantisch, aber eine effektive Zwischenlösung.

Achtung!

- Der Konsum von Alkohol verstärkt das Schnarchen. Halten Sie Ihre Partnerin also davon ab, zu viel zu trinken. Alkohol dämpft die Aktivität von Nerven im Nasenraum und lähmt damit die Muskeln, die die Luftwege während des Schlafs frei halten und das Schnarchen verhindern.
- Kaffee hilft gegen Schnarchen; das Koffein regt die Nerven an, die die Atemwege offen halten. Darüber hinaus sorgt das Koffein dafür, dass man nicht so tief schläft und damit tendenziell weniger schnarcht.

Wahl eines Partners, der mit geringerer Wahrscheinlichkeit schnarcht

- Dicke Leute schnarchen häufiger als dünne.
- Menschen mit kurzen, dicken Hälsen schnarchen ebenfalls überdurchschnittlich häufig.
- Leute, die ständig schniefen und sich schnäuzen, haben möglicherweise eine chronische Nebenhöhlenentzündung – auch das fördert das Schnarchen.
- Leute, die regelmäßig stark trinken, schnarchen öfter (siehe oben).
- Menschen, die tagsüber einnicken, tun dies oft, weil sie in der Nacht nicht gut schlafen. Vielleicht ist diese Schlafstörung darauf zurückzuführen, dass sie schnarchen.

Herausfinden des Namens der Person, neben der man erwacht ist

In der Wohnung des anderen

❶ **Bleiben Sie gelassen.**
Der Name Ihrer Partnerin ist sicher irgendwo in der Wohnung in Erfahrung zu bringen. Sie müssen ihn nur ausfindig machen, bevor sie aufwacht bzw. eine sinnvolle Unterhaltung beginnt.

❷ **Stehen Sie auf und sehen Sie sich in den anderen Zimmern um.**
Abonnierte Zeitschriften haben einen Adressaufkleber mit dem Namen des Empfängers. An sie adressierte Post könnte in der Diele herumliegen, vielleicht finden Sie auch alte Briefe im Papierkorb. Öffnen Sie die Wohnungstür und schauen Sie auf das Klingel- oder Türschild. Am sichersten finden Sie den Namen in ihrer Geldbörse (Ausweis, Scheckkarte, Kreditkarte), doch aufgepasst! Lassen Sie sich nicht dabei erwischen! Falls Ihre Partnerin aufwacht, sagen Sie ihr, Sie seien auf dem Weg zur Toilette.

❸ **Bitten Sie sie, Kaffee zu machen, wenn sie aufgewacht ist.**
Während sie in der Küche hantiert, können Sie ungestört im Schlafzimmer nach Hinweisen auf ihren Namen stöbern. Vielleicht schreibt sie ihren Namen in ihre

Bücher, vielleicht liegt ein Kettchen mit ihrem Namen herum.

Achtung!

Versuchen Sie, mindestens zwei Dinge zu finden, die den gleichen Namen tragen (außer, der Name auf einem Gegenstand weckt Ihre Erinnerung). Nur so gehen Sie sicher, dass Sie sie auch wirklich identifiziert haben.

Bei Ihnen zu Hause

❶ **Reden Sie sie mit Kosenamen an.**
Versuchen Sie nicht, ihren Namen zu erraten. Akzeptable Kosenamen sind zum Beispiel: Schatz, Baby, Liebling, Liebes, meine Schöne, meine Süße.

❷ **Durchsuchen Sie nicht ihre Sachen – außer Sie haben genug Zeit dafür.**
Wenn Ihre Partnerin duscht, dürfen Sie damit rechnen, zumindest ein paar Minuten ungestört ihre Sachen durchsuchen zu können. Ansonsten sollten Sie es nicht riskieren – es wäre viel peinlicher, sich dabei erwischen zu lassen, als zuzugeben, dass Sie ihren Namen vergessen haben. (Vielleicht geht es ihr ja genauso.)

❸ **Stellen Sie beim Plaudern unverfängliche Fragen.**
Allerdings ist es riskant, Informationen aus ihr herauszukitzeln. Der Schuss kann nach hinten losgehen, wenn Ihre Partnerin mitbekommt, was Sie wirklich im Sinn haben. Wenn Sie sich es aber zutrauen, können Sie durchaus einen der folgenden Tricks versuchen, ihr ihren Namen zu entlocken:

- Holen Sie beim Anziehen Ihren Ausweis hervor und

fragen Sie sie, ob Ihre Frisur auf dem Foto besser ist als die jetzige. Mokieren Sie sich darüber, wie dämlich Sie damals aussahen. Fragen Sie sie, ob sie mit ihrem Foto im Ausweis (oder Führerschein) zufrieden ist. (Sie könnte allerdings annehmen, Sie wollten ihr Alter überprüfen.)

- Fragen Sie sie, ob sie je einen Spitznamen hatte. Möglicherweise sagt sie: »Nein, einfach *[Name]*«.
- Fragen Sie sie, nach wem sie benannt wurde.

❺ Geben Sie ihr beim Abschied Ihre Visitenkarte und bitten Sie um ihre.

Bitten Sie sie, Ihnen die wichtigsten Informationen aufzuschreiben, wenn sie keine Karte dabeihat. Sagen Sie, Sie wollten ihr möglicherweise eine kleine Überraschung schicken. Vergessen Sie dann aber nicht, ihr einige Tage später auch wirklich etwas zukommen zu lassen. Vergewissern Sie sich, dass Sie den Namen richtig schreiben.

Kapitel 5

Überleben von Beziehungen

Zusammentreffen mit dem Ex

Es kann aus vielerlei Gründen problematisch sein, wenn man bei einer Party zufällig auf seinen Ex stößt: Vielleicht liebt man ihn noch, ist sauer, weil man von ihm verlassen wurde, hat die Trennung noch nicht verarbeitet, erinnert sich an den guten Sex oder ist mit einem mäßig attraktiven Date unterwegs.

1. **Schauen Sie nicht weg.**
   Blicken Sie ihm in die Augen und lächeln Sie. Wenn Sie seinem Blick ausweichen, geben Sie Macht ab. Halten Sie seinem Blick stand und Sie behalten die Kontrolle.

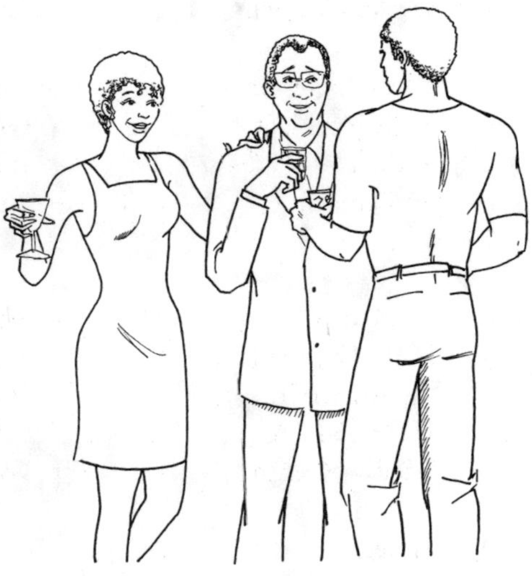

Blicken Sie Ihrem Ex in die Augen und lächeln Sie. Berühren Sie während des Gesprächs Ihr Date.

❷ **Seien Sie nett.**

❸ **Setzen Sie sich nicht hin.**
Lassen Sie sich nicht von Ihrem Ex in einer Ecke oder auf einem Sofa »festnageln«. Bleiben Sie stehen und seien Sie jederzeit bereit, sich anderen Partygästen zuzuwenden.

❹ **Dominieren Sie das Gespräch.**
Erwähnen Sie irgendwas, das Ihnen im Laufe des Tages aufgefallen ist. Damit halten Sie den Dialog oberflächlich und unter Ihrer Kontrolle. So vermeiden Sie, dem Ex Komplimente zu machen oder über ihn zu reden. Geben Sie sich heiter. Vorgespielter Enthusiasmus wirkt hervorragend: Wer gute Laune zeigt, ist offenbar weder durcheinander noch am Boden zerstört.

❺ **Stellen Sie Ihren Begleiter vor und geben Sie eindeutige Signale, dass Sie jetzt mit ihm zusammen sind.**
Berühren Sie Ihr Date, während Sie mit dem Ex reden. Damit verdeutlichen Sie, dass Sie die Trennung verarbeitet haben.

❻ **Führen Sie das Gespräch kurz und freundlich.**
Sagen Sie Ihrem Ex, Sie müssten jetzt leider weiter, es sei aber nett gewesen, ihn wieder zu sehen. Zupfen Sie alternativ Ihr Date am Ärmel und sagen Sie: »Schau, da drüben steht Sally. Komm, ich stelle sie dir vor.«

❼ **Gehen Sie weiter.**

Besuch bei den Eltern des Partners

❶ **Achten Sie auf Ihre Umgebung.**
Bewegen Sie sich langsam und vorsichtig, sollten Sie dazu neigen, über Teppichkanten zu stolpern oder Dinge umzustoßen. Geben Sie sich selbstbewusst und gelassen.

❷ **Begrüßen Sie die Eltern Ihrer Partnerin mit einem kurzen, festen Händedruck.**
Ein weicher Händedruck ist abstoßend, aber natürlich sollten Sie auch nicht die Hand Ihres Gegenübers zerquetschen. Sorgen Sie dafür, dass beide Hände vollständig ineinander greifen. Lassen Sie die Hand nach ein paar Mal Schütteln wieder los. Halten Sie Blickkontakt.

❸ **Küssen oder umarmen Sie die Eltern nur, wenn die Initiative von ihnen ausgeht.**
Küsschen auf die Wangen mögen angebracht sein, küssen Sie potenzielle Schwiegerleute aber niemals auf den Mund. Weichen Sie nicht zurück, wenn sie Anstalten machen, Sie zu umarmen.

❹ **Sprechen Sie sie mit »Herr« und »Frau« an und vergessen Sie eventuelle akademische Grade oder Ehrentitel nicht.**
Damit erweisen Sie Respekt. Alle Initiativen für einen vertraulicheren Umgang miteinander müssen von den potenziellen Schwiegereltern ausgehen.

❺ **Lassen Sie ihnen Platz zum Atmen.**
Halten Sie während des Gesprächs einen Abstand von mindestens einem Meter ein.

❻ **Zeigen Sie Gelassenheit.**
Seien Sie positiv, freundlich, entspannt. Lächeln Sie – aber nicht dauernd: Mit jemandem, der ständig grinst, stimmt etwas nicht. Denken Sie daran, dass eine aufrechte Haltung Selbstbewusstsein und Erfolg signalisiert. Gehen, stehen und sitzen Sie aufrecht. Sprechen Sie so laut, dass man Sie versteht.

❼ **Seien Sie aufrichtig und ganz Sie selbst.**
Geben Sie nicht vor, jemand anderes zu sein, als Sie sind. Leute bemerken Unaufrichtigkeit schon von weitem. Versuchen Sie nicht, unbedingt Eindruck zu schinden. Gleichzeitig sollten Sie sich aber auch nicht zu sehr anbiedern – vermeiden Sie vertrauliches Zuzwinkern, Klopfen auf die Schulter oder ewiges Witzereißen. Passen Sie sich dem Gesprächston an, den die Eltern Ihrer Partnerin vorgeben.

❽ **Schicken Sie ihnen am nächsten Tag eine Nachricht oder Karte.**
Erwähnen Sie, wie schön es gewesen sei, sie endlich kennen gelernt zu haben. Schreiben Sie, dass Sie sich schon auf ein Wiedersehen freuen. Danken Sie ihnen für ihre Gastfreundschaft, falls der Besuch länger gedauert hat.

Achtung!

Sie machen einen besseren Eindruck, wenn Sie die folgenden Höflichkeitsregeln beachten:

- Klingeln Sie nur ein Mal. Läuten Sie nicht Sturm, hämmern Sie nicht an die Tür.
- Schalten Sie Ihr Handy aus.
- Bringen Sie zu einer Essenseinladung Wein oder Blumen mit, auch wenn die Gastgeber sagen, das wäre nicht nötig.
- Warten Sie ab, bis Sie hereingebeten werden und man Ihnen einen Sitzplatz anbietet. Setzen Sie sich nicht hin, bevor die Gastgeber es tun.

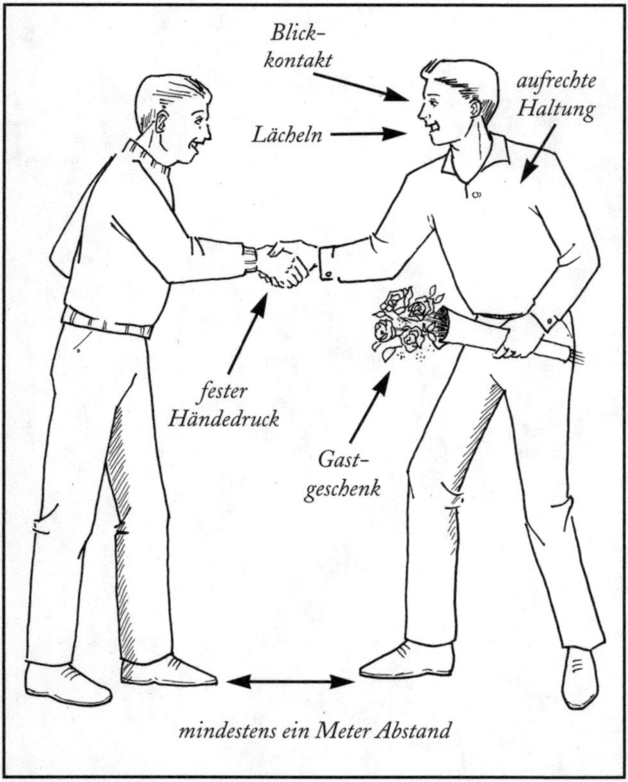

- Streicheln Sie Hund oder Katze.
- Machen Sie nur über ein, zwei Dinge Komplimente: die Aussicht, den Garten, die Einrichtung … Übertreiben Sie's nicht.
- Gehen Sie nicht zu oft auf die Toilette und bleiben Sie dort nicht zu lange.

Vergessen des Geburtstags

❶ **Sie können sich gar nicht oft genug entschuldigen.**
Eventuell müssen Sie auf verschiedene Art und Weise um Entschuldigung bitten: Blumen, mündliche Beteuerungen, Liebesbriefe, ein besonderes Abendessen. Lassen Sie sich etwas einfallen.

❷ **Nehmen Sie die Schuld auf sich.**
Bekennen Sie ehrlich, dass Sie es vermasselt haben. Mit Ausreden machen Sie alles nur noch schlimmer.

❸ **Erkennen Sie die Gefühle Ihrer Partnerin an.**
Akzeptieren Sie ihre Verärgerung als berechtigt und kritisieren Sie nicht ihre Art der Reaktion. Versichern Sie ihr: »Ich kann mir vorstellen, wie verletzt du bist.«

❹ **Planen Sie etwas Besonderes als Wiedergutmachung.**
Ein Wochenendausflug, eine Nacht in einem Luxushotel oder ein besonders ausgewähltes Geschenk wird schon nötig sein. Kreuzen Sie aber nicht zwei Tage zu spät mit irgendwelchen Geschenken auf, in der Hoffnung, damit wäre alles vergeben. Kein Geschenk der Welt nimmt es Ihnen ab, sich mit Ihrer Partnerin über die Sache auszusprechen.

Umgang mit einem fremdgehenden Partner

❶ **Sprechen Sie sie direkt darauf an.**
Wenn Sie Ihre Partnerin der Untreue verdächtigen, dürfen Sie nicht schweigen (etwa, weil Ihnen die Sache peinlich ist, oder weil Sie erst Beweise sammeln wollen). Allein die Tatsache, dass Sie an ihrer Treue zweifeln, ist Grund genug, sich auszusprechen. Legen Sie die Gründe für Ihren Verdacht so ruhig wie möglich dar, sollte sie auf den Vorwurf überrascht oder zögerlich reagieren.

❷ **Beherrschen Sie sich und beenden Sie nicht sofort die Partnerschaft.**
Selbst wenn Sie nach der Aussprache sicher wissen, dass sie Sie betrügt, ist noch nicht alles verloren. Reden oder weinen Sie miteinander und verbringen Sie dann einige Zeit getrennt voneinander. Gehen Sie mit ihr zu einer Partnerberatung, wenn die Affäre ihr erster Fehltritt war. Reden Sie darüber, warum das passieren konnte und was die Angelegenheit für sie beide bedeutet. Nach Bewältigung der Krise gehen Sie vielleicht ehrlicher miteinander um als vorher, vertrauen sich mehr und sind sich näher gekommen.

❸ **Besprechen Sie, wie ernst die Affäre war.**
Klären Sie, ob es sich um einen harmlosen, einmaligen Seitensprung gehandelt hat oder ob Ihre Partnerin eine feste Beziehung eingegangen ist. Reden Sie über den Unterschied und denken Sie genau darüber nach, wel-

che Konsequenzen für Sie beide daraus folgen. Professionelle Beratung hilft Ihnen beiden vielleicht dabei, Ihre Gefühle und Prioritäten zu klären. Sie kann auch dazu beitragen, wieder eine vertrauensvolle Partnerschaft aufzubauen, falls das noch gewünscht ist.

❹ **Entscheiden Sie zunächst, was Sie wollen. Fragen Sie Ihre Partnerin erst dann, was sie will.**
Am besten ist, wenn Sie beide das Gleiche wollen, sei es ein Ende der Beziehung oder ein Ende der Affäre.

❺ **Handeln Sie nach Ihren Wünschen, nicht nach denen Ihrer Partnerin.**
Wenn Sie Ihrer Beziehung noch eine Chance geben wollen, Ihre Partnerin aber nicht, sollten Sie so lange an der Beziehung arbeiten, bis Sie sich sicher sind, alles zu deren Rettung versucht zu haben. Sollte die Untreue Ihrer Partnerin kein einmaliger Ausrutscher, sondern ein wiederkehrendes Problem sein, über das Sie bereits ausführlich geredet haben, dann möchte Ihre Partnerin wahrscheinlich die Beziehung beenden. Oder Sie können sich darauf einstellen, dass sie weiter fremdgehen wird. Zum Beenden von Partnerschaften siehe auch Seite 152.

Fremdgehen, ohne erwischt zu werden

❶ **Sammeln Sie eine Reihe von überzeugenden Alibis und Zeugen für Ihre häufige Abwesenheit.**
Die Ausrede »ich musste länger arbeiten« zieht irgendwann nicht mehr. Sichern Sie sich die Komplizenschaft eines Freundes oder Kollegen, der Sie zu Empfängen oder Sportveranstaltungen »einlädt« oder wegen eines »dringenden Notfalls« anruft. Legen Sie eine Spur von getürkten Beweisen, zum Beispiel, indem Sie Nachrichten auf Ihren Anrufbeantworter sprechen lassen, die Ihr Partner abhören wird.

❷ **Verändern Sie Ihren Lebensstil nicht abrupt und offensichtlich.**
Ändern Sie Kleidungsstil oder Essgewohnheiten nicht von heute auf morgen, sonst merkt Ihr Partner, dass etwas faul ist.

❸ **Fangen Sie nicht an, über Dinge zu reden, die Sie früher nie interessiert haben.**
Wenn Sie im Laufe Ihrer Affäre Dinge wie Sport, Kochen oder Oper schätzen gelernt haben, sollten Sie solche Themen nicht plötzlich mit Ihrer Partnerin besprechen. Die wundert sich sonst (oder fragt), woher Sie Ihr neues Wissen haben.

❹ **Stoßen Sie nicht alle Gewohnheiten im Bett auf einmal um.**
Eine Affäre weckt vielleicht Ihre sexuelle Experimen-

Zahlen Sie immer bar, nie mit Kreditkarte.

Telefonieren Sie vom Handy aus, nie vom Hoteltelefon.

Lassen Sie den Zimmerservice kommen.
Meiden Sie volle Restaurants.

Fahren Sie immer in getrennten Autos, nie zusammen.

tierfreude. Probieren Sie aber nicht plötzlich lauter neue Sachen mit Ihrer Partnerin aus.

❺ Kommen Sie in dem gleichen Outfit nach Hause, in dem Sie das Haus verlassen haben.

Lagern Sie Wechselkleidung in Ihrem Auto oder Büro und tragen Sie diese Sachen, wenn Sie Ihre Geliebte treffen. Ziehen Sie danach wieder die Kleidung an, die Sie anhatten, als Sie Ihr Zuhause verließen. Damit verhindern Sie, dass Ihre Partnerin auf Beweise für Ihre Affäre stößt (z. B. Lippenstiftspuren, Parfümgeruch, Kinokarten). Sorgen Sie dafür, dass Sie die »Affären-Kleidung« selbst reinigen.

❻ Duschen Sie, um Geruchsspuren des Seitensprungs zu entfernen.

Das ist vor allem nötig, wenn Sie in einer verrauchten Bar waren, Ihre Geliebte ein auffälliges Parfüm benutzt oder daheim ein Hund auf Sie wartet.

❼ Rufen Sie Ihre Partnerin nie von einem Hotel-, Motel- oder Restauranttelefon aus an.

Benutzen Sie immer Ihr Handy – die im Display angezeigte Telefonnummer könnte vielleicht verraten, wo Sie sind.

❽ Bezahlen Sie immer bar.

Begleichen Sie Rechnungen von Restaurants, Hotels u. ä. nie mit der Kreditkarte. Sonst bemerkt Ihre Partnerin eventuell, dass Ihre Ausgaben steigen, oder Sie findet eine Kartenabrechnung. Versorgen Sie sich mit genügend Bargeld, bevor Sie zu einem Rendezvous gehen, denn auch die Benutzung von Bargeldautomaten erscheint auf Kontoauszügen.

❾ **Fahren Sie immer in getrennten Autos.**
Dann gibt es selbst nach einem Unfall oder einer Polizeikontrolle keine offiziellen Dokumente, in denen eine zweite Person auftaucht. Auch unbeabsichtigte Spuren (verstellte Sitze, vergessene Schals) der Beifahrerin sind somit ausgeschlossen.

❿ **Vermeiden Sie, mit Ihrer Geliebten in schicke oder beliebte Restaurants zu gehen.**
Am besten eignen sich abgelegene Lokale; dort werden Sie mit geringerer Wahrscheinlichkeit von Bekannten Ihrer Partnerin gesehen. Noch besser sind Restaurants außerhalb der Stadt. Perfekte Diskretion bietet Ihnen der Zimmerservice in Hotels.

Wenn Sie erwischt werden

❶ **Leugnen Sie nicht.**
Geben Sie den Seitensprung unumwunden zu. Sie machen die Sache nur schlimmer, wenn Sie alles abstreiten.

❷ **Entscheiden Sie sofort, ob Sie die Affäre fortsetzen oder beenden wollen.**
Sie müssen sich klarmachen, was Sie wirklich wollen. Fragen Sie sich, ob Sie lieber mit Ihrer Geliebten oder Partnerin zusammen sein wollen. Seien Sie ehrlich zu sich selbst und handeln Sie entsprechend.

❸ **Wenn Sie die Beziehung beenden wollen: Tun Sie das sofort und gnadenlos.**

Versuchen Sie nicht, nett oder verständnisvoll zu sein – das macht das Ganze für Ihre zukünftige Expartnerin nur noch schwieriger. Seien Sie gemein – das wird ihr helfen, über Sie hinwegzukommen. Erklären Sie, dass Sie sich einfach in jemand anderen verliebt hätten, nichts dagegen machen könnten und gemerkt hätten, dass die alte Beziehung am Ende sei.

❹ **Falls Sie die Beziehung retten wollen: Stellen Sie sich auf einen schwierigen Kampf ein.**
Es wird lange dauern, bis Ihre Partnerin Ihnen wieder vertraut. Befolgen Sie die Schritte 5 bis 7:

❺ **Seien Sie vollkommen ehrlich zu Ihrer Partnerin.**
Beantworten Sie alle Fragen und geben Sie Ihren Fehltritt unumwunden zu. Betonen Sie immer wieder, wie viel Ihnen an Ihrer Partnerin liegt. Nur mit Hartnäckigkeit und Ehrlichkeit haben Sie noch eine Chance. Geschenke können zwar wesentlich zur Versöhnung beitragen, vor allem müssen Sie aber sehr viel Zeit und Energie investieren, um Ihren Fehler wieder gutzumachen.

❻ **Geben Sie die Beziehung nicht auf.**
Stellen Sie sich auf viele schwierige Gespräche und Konfrontationen ein. Sie werden Ihre guten Absichten immer und immer wieder beteuern müssen, und manchmal wird es Ihnen schwer fallen, überhaupt ein Gespräch anzufangen. Wählen Sie nicht den einfachen Weg: Gehen Sie nicht ohne Widerstand, wenn sie Sie aus dem Haus wirft, machen Sie klar, dass Sie bereit sind, alles Notwendige auf sich zu nehmen, um die Beziehung zu retten.

7 Brechen Sie jeden Kontakt mit Ihrer Geliebten und anderen potenziellen Kandidatinnen für einen Seitensprung ab.

Schauen Sie keiner Frau hinterher und reden Sie über keine Frau – außer Ihre Partnerin fragt von sich aus. Äußern Sie sich selbst dann vorsichtig.

Verhindern einer Hochzeit

Wenn die Frau oder der Mann Ihres Herzens drauf und dran ist, einen anderen zu heiraten, müssen Sie schnell handeln – oder für immer schweigen. Bedenken Sie: In Deutschland kann nur ein Standesbeamter eine rechtsgültige Ehe schließen, die Trauung in der Kirche ist ein rein zeremonieller Akt.

❶ **Bekunden Sie schon vor der Zeremonie Ihre Gefühle.**
Reden Sie mit dem Standesbeamten, wenn Sie nicht direkt mit der Braut oder dem Bräutigam sprechen können. Der sollte wissen, wie man mit solchen Situationen umgeht (gehen Sie zu Schritt 4).

❷ **Lassen Sie die Zeremonie beginnen, wenn Sie Ihre Bedenken vorher nicht äußern können.**
Warten Sie aber nicht auf das berühmte »Ist unter den Anwesenden jemand, der Einwände erhebt ...«; diese Floskel kommt hierzulande weder bei kirchlichen noch bei standesamtlichen Trauungen vor. Stoppen Sie die Zeremonie am besten gleich zu Anfang, bevor sie richtig losgeht.

❸ **Bitten Sie den Standesbeamten, Ihre Bedenken unter vier Augen vorbringen zu dürfen.**

❹ **Erläutern Sie Ihre Bedenken.**
Das Brautpaar wird an dieser Besprechung in der Regel auch teilnehmen. Wenn alle Ihnen zustimmen (sehr unwahrscheinlich), wird die Hochzeit abgeblasen. Falls aber beschlossen wird, die Zeremonie weiterzuführen,

müssen Sie diese Entscheidung respektieren und verschwinden. Stellen Sie sich darauf ein, aus dem Gebäude geführt zu werden.

Ein vorgetäuschter Anfall wird zwar die Zeremonie unterbrechen – bedenken Sie aber, dass die meisten Eheleute sich zuerst standesamtlich und erst später kirchlich trauen lassen. Zum Zeitpunkt der kirchlichen Trauung sind die meisten Paare vor dem Gesetz also bereits verheiratet.

❺ Täuschen Sie einen Anfall vor, wenn Sie nicht wagen, Ihre Bedenken offen auszusprechen.

Ohnmachtsanfälle kommen auf Hochzeiten recht häufig vor und führen nicht zuverlässig zu einer Unterbrechung der Zeremonie. Spielen Sie daher einen epileptischen Anfall vor. Handeln Sie auf jeden Fall, bevor die Brautleute sich das Jawort gegeben haben, denn dann, ist die Ehe rechtsgültig geschlossen. Nutzen Sie das Durcheinander, während Sie aus dem Saal getragen werden, um mit dem Standesbeamten zu reden und Ihre Gefühle zu offenbaren.

6. **Alternative Methode: Lösen Sie Feueralarm aus.**
Mit dieser Methode unterbrechen Sie die Zeremonie zuverlässig, aber nur so lange, bis der Alarm gestoppt wird. Nutzen Sie diese Zeit, um mit dem Standesbeamten zu sprechen.

7. **Verhindern Sie den Vollzug der Ehe.**
Wenn der Standesbeamte die Brautleute zu Mann und Frau erklärt hat, sind sie offiziell verheiratet und Sie können nur noch auf eine Scheidung hoffen. In manchen Ländern und Religionen aber gilt die Ehe erst dann als geschlossen, wenn sie auch vollzogen wurde. Finden Sie in diesem Fall heraus, wo das Paar die Hochzeitsnacht verbringt und gestehen Sie ein letztes Mal Ihre Liebe.

Beenden einer Beziehung

❶ **Zögern Sie nicht.**
Beenden Sie die Beziehung sofort, wenn Sie merken, dass sie für Sie nicht funktioniert.

❷ **Entscheiden Sie, wie Sie ihm Ihren Entschluss mitteilen.**
Eine E-Mail, eine Nachricht auf dem Anrufbeantworter oder eine Postkarte wirken oft feige. Trotzdem haben sie ihre Vorteile. Um eine längere Beziehung zu beenden, könnten Sie zum Beispiel einen Brief schreiben, um ein Gespräch in Gang zu setzen. Überreichen Sie ihn Ihrem Partner und bleiben Sie, während er ihn liest. Sprechen Sie dann darüber.

❸ **Seien Sie nett.**
Sagen Sie, was Sie an ihm gemocht haben und danken Sie ihm für die schöne Zeit, die Sie mit ihm verlebt haben. Das klingt vielleicht aufgesetzt, tun Sie es aber dennoch.

❹ **Machen Sie Ihren Standpunkt mit klaren Worten deutlich.**
Treten Sie entschlossen auf, lassen Sie keinen Spielraum für Zweifel oder Verhandlungen. Es ist nicht notwendig, dass Ihr Partner Ihnen zustimmt oder Ihre Gründe versteht, versuchen Sie aber trotzdem, sich zu erklären. Weil Sie ja ohnehin mit ihm Schluss machen, kann es Ihnen letztlich aber egal sein, ob er Sie versteht.

❺ **Beschränken Sie das Gespräch auf Ihre Gefühle.**
Reden Sie nur von sich, nicht von Ihrem Ex. Geben Sie nicht ihm die Schuld. Sagen Sie etwas Einfaches und Wahres, zum Beispiel: »ich mag nicht länger mit dir zusammen sein, aber ich habe deinen Sinn für Humor immer sehr gemocht« oder »diese Beziehung funktioniert für mich nicht«. Wiederholen Sie diese Sätze, falls nötig.

❻ **Gehen Sie nicht weiter ins Detail.**
Sie brauchen nicht alle Vor- und Nachteile der Beziehung durchzugehen. Bieten Sie keine Manöverkritik oder ausführliche Erklärungen an. Erwähnen Sie den wahren Grund für den Abbruch der Beziehung nicht, wenn Sie dem anderen damit wehtun würden.

❼ **Versuchen Sie nicht, seinen Schmerz zu lindern.**
Sie tun das, was für Sie richtig ist. Ihr Gegenüber hat das Recht auf eine Antwort, aber es ist nicht mehr Ihre Aufgabe, dafür zu sorgen, dass er sich gut fühlt. Seien Sie bestimmt, aber nicht grausam.

❽ **Sagen Sie nie »ich ruf dich an«.**
Dieser Satz ist abgedroschen und beleidigend, wenn er unaufrichtig dahergesagt wird. Versuchen Sie lieber, etwas Ehrlicheres und Endgültigeres zu sagen, zum Beispiel: »Vielleicht sehen wir uns ja irgendwann noch einmal. Wenn nicht, mach's gut!«

Anhang

Der »Es liegt nicht an dir, sondern an mir«-Brief

Liebe(r) ....,

ich werde dich diesen Samstag nicht sehen können – und auch sonst nicht mehr. Denn, um ehrlich zu sein, ich kann im Moment keine ernsthafte Beziehung eingehen. Es liegt nicht an dir, sondern an mir. Ich kann zurzeit nicht würdigen, was du mir zu geben hast.

Ich habe das Gefühl, dass unsere Beziehung in den letzten paar Jahren/Monaten/Wochen/Tagen festgefahren war. Ich kann nicht ermessen, wie wunderbar du zu mir warst und wie viel du ertragen hast. Du verdienst Besseres! Ich kann dir das nicht mehr zumuten und dir im Moment nicht geben, was du brauchst/willst/verdienst. Ich brauche mehr Freiraum und Zeit, um zu mir selbst zu finden.

Es wird vielleicht einige Zeit dauern, aber ich hoffe, wir können weiter Freunde bleiben.

Liebe Grüße

Versenden Sie diesen Brief per Fax oder E-Mail, um eine Kurzzeit-Beziehung zu beenden. Die neueste (englische) Version des Briefes finden Sie unter www.worstcasescenarios.com.

Nützliche Ausreden

Das ist mir noch nie passiert.
Ich hatte einen anstrengenden Arbeitstag.
Heute Abend geht es nicht; ich habe ein Arbeitstreffen.
Ich muss früh raus.
Ich bin zu betrunken.
Ich bin nicht betrunken genug.
Meine Schildkröte ist gestorben.
Ich bin schwul.
Ich bin hetero.
Ich kann mich nicht entscheiden.
Das ist eine alte Sportverletzung.
Ich habe mein Portemonnaie vergessen.
Ich muss mir die Haare waschen.
Tante Erna kommt zu Besuch.
Ich wandere aus.
Ich muss meine Medizin nehmen.
Ich konnte keinen Parkplatz finden.
Ich konnte kein Taxi auftreiben.
Ich habe es im Taxi vergessen.
Ich muss mein Flugzeug erwischen.
Ich kaufe es wegen der guten Artikel.
Angeblich werden sie in der Fabrik getestet.
Niemand ist vollkommen.
Ich habe dich vor mir gewarnt.
Wir kennen uns noch nicht gut genug.
Dafür kennen wir uns zu gut.
Ich wusste nicht, dass du heute zurückkommst.
Er/sie brauchte einen Freund.
Das hat mir nichts bedeutet.
Jemand hat mir erzählt, das wäre ein anspruchsvoller Film.

Vielleicht lernen wir daraus.
Mein Rücken tut weh.
Meine Knie schmerzen.
Ich hab dich zuerst gefragt.
Ich muss mit meinem Hund Gassi gehen.
Das habe ich nicht gemeint.
Ich kann mich nicht erinnern, das gesagt zu haben.
Ich kann mir einfach keine Namen merken.
Ich kann mich nicht so tief bücken.
Ich hätte nicht gedacht, dass du das merkst.
Mein Pieper ist kaputt.
Der Akku meines Handys muss aufgeladen werden.
Mein Computer hat einen Virus.
Dein Anrufbeantworter war voll.
Euer Server muss abgestürzt sein.
Ich dachte, du meintest nächsten Freitag.
Das macht keine Flecken.
Sie gehören zur Familie.
Ich dachte, du würdest das verstehen, ohne dass ich es aussprechen.
Das nächste Mal wird besser.

Anmachsprüche, die Sie vermeiden sollten

Der menschliche Körper besteht zu neunzig Prozent aus Wasser und ich bin echt durstig.

Darf ich Ihnen einen Drink spendieren oder wollen Sie lieber das Geld?

Mit einer solchen Mähne müssen Sie Sternzeichen Löwe sein.

Haben Sie einen Spiegel in der Hose? Ich kann mich nämlich darin sehen.

Sind Sie müde? Sie sind nämlich heute Nacht ständig durch meine Träume gegeistert.

Ist Ihr Vater ein Dieb? Er hat die Sterne vom Himmel gestohlen und sie in Ihre Augen gesetzt.

Geht's Ihnen gut? Es muss ein tiefer Fall gewesen sein vom Himmel herunter.

Ich mag, was Sie anhaben. Das sieht zerknüllt am Ende meines Bettes liegend sicher toll aus.

Was essen Sie zum Frühstück? ... Prima, das habe ich zu Hause.

Ich weiß, dass behauptet wird, Milch sei gut für den Körper – aber, hey, wie viel haben Sie denn davon getrunken?

Und, bist du überhaupt schon vierzehn?

Ich hab Kabelfernsehen.

Wenn ich sage, dass ich Sie anziehend finde, darf ich Sie dann ausziehen?

Ist die Sonne rausgekommen oder haben Sie mich gerade angelächelt?

Ist es hier drin so heiß oder sind Sie das?

Glauben Sie an Liebe auf den ersten Blick oder muss ich noch mal an Ihnen vorbeilaufen?

Ich hab meine Telefonnummer verloren … kann ich Ihre haben?

Wenn Sie ein Burger bei McDonald's wären, würde ich Sie McBeautiful nennen.

Hallo, ich heiße … Aber Sie dürfen mich heute Nacht … nennen.

Kein Wunder, dass der Himmel heute grau ist – das ganze Blau ist in Ihren Augen.

Hallo, ich bin Organspender. Brauchen Sie was?

Dürfte ich der Deckel zu Ihrem Topf sein?

Entschuldigung, ich bin neu in der Stadt. Können Sie mir den Weg zu Ihrer Wohnung beschreiben?

Mannomann, schau sich einer Ihre Kurven an – und bei mir versagen die Bremsen.

Ich bin zwar vielleicht nicht Fred Feuerstein/Wilma Feuerstein, aber mit mir würdest du sicher bald »Jappadappadu« schreien.

(*bei Blondinen*) Haben Sie gefärbte Haare oder soll ich langsam sprechen?

Haben Sie vielleicht ein Pflaster? Denn ich hab mir die Knie aufgeschürft, als ich Ihnen verfallen bin.

Kann ich ein Foto von Ihnen haben? Dann könnte ich dem Christkind zeigen, was ich mir zu Weihnachten wünsche.

Mein Bett ist kaputt. Darf ich in Ihrem schlafen?

Ich fühle mich heut nicht gut. Vielleicht können Sie's ja besser?

Ich heiße … Merken Sie sich den Namen, nachher werden Sie ihn schreien.

Ist das eine Laufmasche in Ihrer Strumpfhose oder ein Wegweiser ins Paradies?

Ich bin vielleicht nicht der Schönste im Raum, aber der Einzige, der mit Ihnen spricht.

(*Sich den Finger lecken und an seinem Hemd abwischen*) Ich hole Sie am besten sofort aus Ihren nassen Sachen.

Kleines Lexikon der Körpersprache

Gute Zeichen

Beugt sich zu Ihnen: Empfänglichkeit
Beine leicht gespreizt: Hingezogensein

Viel Blickkontakt: Aufrichtigkeit
Atmet im gleichen Rhythmus wie Sie: Aufeinandertreffen gleichgesinnter Geister
Bewegt sich, wenn Sie sich bewegen: Harmonie
Geöffnete Handflächen: Empfänglichkeit, Einladung
Leicht geöffnete Lippen: Verlangen
Zeigt beim Lächeln Falten um die Augen: echtes Amüsement, Hingezogensein
Berührt sich im Gesicht, an der Wange: Interesse, Hingezogensein
Berührt Sie: Verlangen, Hingezogensein
Wickelt Haar um Finger: Hingezogensein, Flirten
Knöpft Jackett oder Hemd auf: Interesse, Sich-geborgen-Fühlen

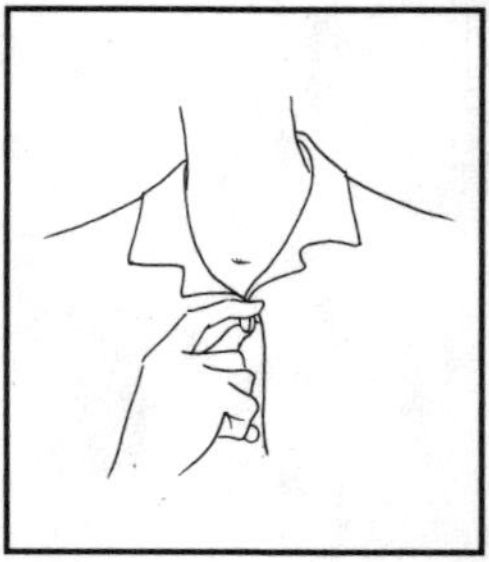

Schlechte Zeichen

Spannt Unterkiefer an: Ungeduld, Ärger
Verschränkt Arme oder Beine: Verteidigungshaltung

Hält sich Finger an Kinn oder Lippen: Abschätzen, Kritik

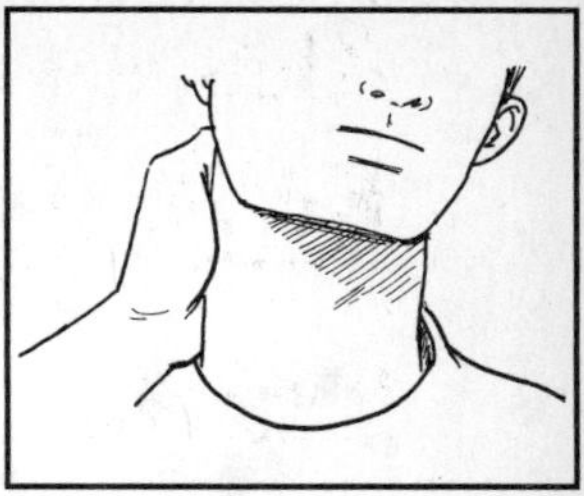

Sieht sich um: Desinteresse, Langeweile

Sieht weg: Unaufrichtigkeit

Nickt zu häufig: Desinteresse, kurze Unaufmerksamkeit

Reibt sich Nacken oder Kopf: Ungeduld, Frust

Reibt sich Nase oder Augen: Abweisung, Bereitschaft, sich woanders umzusehen

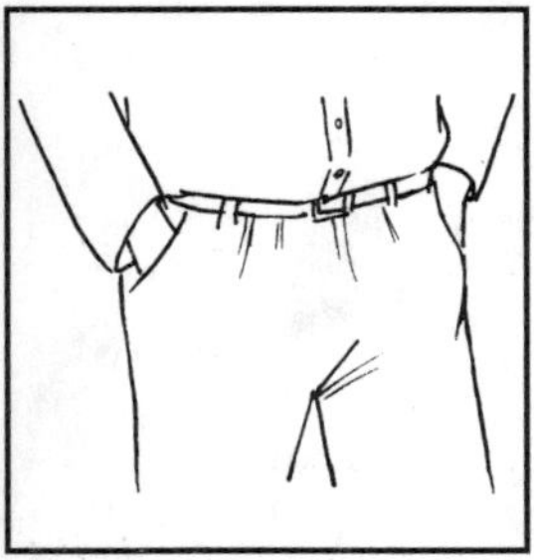

Verlagert sein Gewicht: Unsicherheit, Nervosität

Vergräbt Hände in den Hosentaschen: Unterlegenheitsgefühl, Unsicherheit, Desinteresse

Schlechte Haltung: Langeweile, Desinteresse

Lächeln ohne Faltenbildung an den Augen: Versuch, glücklich zu wirken

Die Experten

Kapitel 1: Defensives Dating

Erkennen eines Axtmörders

Quelle: Julie Harmon, Ph. D., ist geschäftsführende Direktorin von IMPACT-Sicherheitsprogramme, einer Amerika weiten gemeinnützigen Institution zur Bekämpfung von Gewalt mit Sitz in Columbus (Ohio). Sie hat eine Ausbildung in Psychologie und über 25 Jahre auf verschiedenen Gebieten der Gewaltbekämpfung gearbeitet.

Entlarven von Verheirateten

Quelle: Pat Gaudette veröffentlicht Texte im Internet, hauptsächlich über Beziehungsfragen, zum Beispiel über Scheidungen und Midlife-Krisen.

Entlarven von Transvestiten

Quellen: Glenn Fitzpatrick, Ph. D., arbeitet in Phoenix (Arizona) als Anthropologe und hat eine Untersuchung zu den physischen Unterschieden zwischen den Geschlechtern durchgeführt. Linda Hunter ist Privatdetektivin und Sicherheitsexpertin in Santa Barbara (Kalifornien).

Erkennen einer Betrügerin
Quelle: Julie Harmon, Ph. D.

Abwehr eines hartnäckigen Exfreunds
Quelle: Julie Harmon, Ph. D.

Abwehr eines Aufreißers
Quelle: Nancy Slotnick ist Eigentümerin des Drip Café, eines New Yorker Cafés mit Verabredungs-Service, und von www.DripCafe.com, einem amerikanischen Netz von Dating-Cafés.

Bremsen eines zu stürmischen Verehrers
Quellen: Margaret Shapiro, MSW, ist stellvertretende Direktorin des Pennsylvania Council for Relationships. Sie ist eine lizenzierte klinische Sozialarbeiterin in Massachusetts und Pennsylvania und seit 25 Jahren Psychotherapeutin. Sarah Raskin ist Koordinatorin der Betreuung und der Freiwilligen von Helpmate, einer Hilfsorganisation gegen häusliche Gewalt im westlichen North Carolina. Sie führt Weiterbildungen für Sozialarbeiter, Bürgergruppen, religiöse Gemeinschaften, Schulen und Regierungsbehörden durch.

Flucht aus einem schief gelaufenen Rendezvous
Quelle: Antonio J. Mendez ist pensionierter CIA-Agent und Autor des Buchs *The Master of Disguise: My Secret*

Life in the CIA. Er hat 25 Jahre lang undercover gearbeitet und mehrere Posten bei der CIA innegehabt, darunter Chief of Disguise und Chief of the Graphics and Authentication Division.

Kapitel 2: Erste Eindrücke

Erkennen von Fälschungen

Quellen: Nicole Cummings ist die Gründerin des weltgrößten Infozentrums für Brustoperationen im Internet: Breast Augmentation and Breast Implants Information by Nicole. Ihre Website www.implantinfo.com wurde in der *New York Times* und dem *Journal of the American Society of Plastic Surgeons* besprochen. Sie ist Produzentin des Informationsvideos *Before and After Breast Augmentation*, das einen Telly Award gewann. Carliz S. Teague ist CEO von 1stclasswigs.com, einer Webseite, die Perücken und Haar-Accessoires für Männer und Frauen vertreibt.

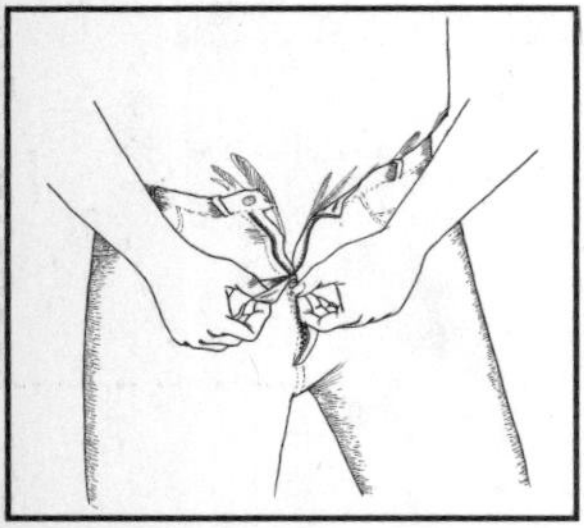

Beheben von Kleidungs-Notlagen

Quelle: Karen Bressler ist eine selbständige Publizistin, Herausgeberin von fashionwindow.com, Modekolumnistin bei dem Magazin *Ocean Drive* und Mit-Autorin von *A Century of Lingerie.*

Entfernen eines Pickels

Quelle: Der Dermatologe Jerome Aronberg gehört dem American Board of Dermatology an und fungierte früher als Präsident der Missouri State Dermatological Society. Aktuell arbeitet er als stellvertretender klinischer Professor für Dermatologie an der Washington-Universität in St. Louis. Er ist Autor des Buchs *Caring for Your Skin with Over-the-Counter Drugs* und von Artikeln, die in *Shape* und *Glamour* erschienen sind. Dr. Aronberg betreibt in Clayton (Missouri) eine Privatpraxis.

Behandlung eines Rasierunfalls

Quellen: Robert und Charlotte Johnston sind Eigentümer der Barber Shop Trading Co., einem englischen Schönheitspflegesalon für Männer (www.barbershop.co.uk). Dr. James Li praktiziert und lehrt an der Division of Emergency Medicine an der Harvard Medical School in Cambridge (Massachusetts). Am American College of Surgeons gibt er den Fortgeschrittenenkurs »Lebensrettung bei Traumata«.

Bekämpfung von Körpergeruch

Quellen: Maryann Bart ist eine homöopathische Krankenschwester und Ernährungsberaterin und lebt in Canton (Ohio). Ginseng ist eine Apotheke für homöopathische Mittel in Philadelphia (Pennsylvania).

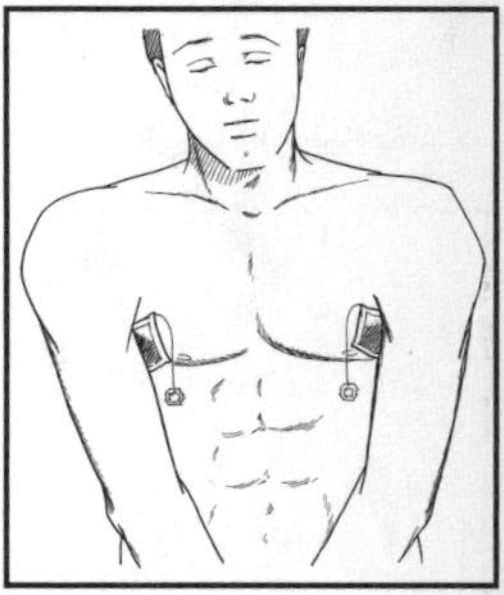

Bekämpfung von schlechtem Atem

Quellen: Mel Rosenberg, Ph. D., ist Professor für Mikrobiologie an der Goldschleger School of Dental Medicine an der Universität Tel Aviv. Dort leitet er auch das Labor für Orale Mikrobiologie. Darüber hinaus bekleidet er Funktionen an der Fakultät für Zahnheilkunde der Universität Toronto und der Zahnmedizin-Schule der Universität von Pennsylvania. Dr. Rosenberg hat sich auf die Bekämpfung von Mundgeruch spezialisiert und hat mehr als 90 wissenschaftliche Beiträge, Buchkapitel, Kommentare, Besprechungen und Patente auf diesem Gebiet veröffentlicht. Richard Hafter, D. D. S., praktiziert seit 35 Jahren als Zahnarzt in Hammonton (New Jersey). Mehdi Kalani, M. D., arbeitet ebenfalls in Hammonton als Chirurg.

Kapitel 3: Überleben in Bar und Restaurant

Tischreservierung in letzter Minute
Quelle: Phyllis Richman hat 23 Jahre lang Restaurantkritiken für die *Washington Post* geschrieben und drei Krimis mit der Hauptperson Chas Wheatley, einem Gastrokritiker, veröffentlicht: *The Butter Did It*, *Murder on the Gravy Train* und *Who's afraid of Virginia Ham?*.

Rettung Ihres Dates vor dem Erstickungstod
Quelle: Dr. James Li.

Umgang mit Blähungen
Quelle: Liz Applegate, Ph. D., gehört der Fakultät für Ernährungswissenschaften der Universität Kalifornien in Davis an und ist eine anerkannte Expertin für Ernährung und Leistung. Sie hat mehr als 300 Artikel für landesweit erscheinende Magazine geschrieben, ist Leiterin der Ernährungsredaktion von *Runner's World* und bei

dieser Zeitschrift auch Kolumnistin. Dr. Applegate hat mehrere Bücher veröffentlicht, als letztes *Eat Smart, Play Hard.*

Maßnahmen bei Zurückweisung der Kreditkarte
Quellen: Phyllis Richman, die Zechprellen unter keinen Umständen empfiehlt. Jamie Hoffman ist General Manager bei Singer Equipment Company, einer Firma für Restaurantbedarf in Pennsylvania. Er arbeitet seit 18 Jahren in der Branche.

Abwehr von unliebsamer Konkurrenz
Quellen: Sherry Amatenstein ist Autorin der Bücher *The Q & A Dating Book* und *Love Lessons from Bad Breakups.* Sie schreibt als Dating-Kolumnistin für iVillage.com, veranstaltet in ganz Amerika Dating-Seminare und ist in zahlreichen Talkshows als Beziehungsexpertin aufgetreten. Shawn Croft ist Love & Dating-Redakteur beim größten reinen Online-Magazin für Männer, AskMen.com. Er hat Betriebswirtschaft, Soziologie, Psychologie, Women's Studies und Anthropologie studiert. Er war auch schon Kellner und Barmann. Dr. James Li.

Umgang mit einem betrunkenen Date
Quelle: Kathy Hamlin arbeitet seit zehn Jahren als Barfrau in Mr. G's Lounge in Deltona (Florida). Sie ist Cocktailexpertin für About.com und hat zahlreiche Artikel über Cocktails und deren Geschichte veröffentlicht.

Schnelles Ausnüchtern
Quelle: Kathy Hamlin.

Tragen eines ohnmächtigen Dates
Quelle: Vince Christopher ist Physiotherapeut, Amateurgewichtheber und lebt in New York.

Verhalten bei einer Polizeikontrolle
Quellen: Die Anwälte Barry D. Kowitt und Kevin M. Unger sind Partner der Kanzlei Unger & Kowitt, die Büros in Plantation und Miami (Florida) unterhält. Sie haben ihre Klienten in mehr als 20 000 Verkehrsdelikten vertreten. Der Anwalt Mel Leiding betreibt seit 18 Jahren eine Kanzlei in Kalifornien und hat das Buch *How to Fight your Traffic Ticket & Win* geschrieben. Er sitzt im Expertengremium der National Motorists Association, einer Vereinigung, die für die Rechte von Autofahrern kämpft. Josh Herman ist Eigentümer von Josh Herman Bail Bonds in Beverly Hills (Kalifornien). Er hat Tausende von betrunkenen Autofahrern herausgepaukt, darunter etliche VIPs. Sie finden die Firma unter www.jhbail.com.

Kapitel 4: Überlebenstechniken im Schlafzimmer

Umgang mit einem schlechten Küsser
Quelle: Carol Queen, Ed. D., ist angestellte Sexologin bei Good Vibrations in San Francisco. Sie ist Autorin und Sex-Beraterin und hat mehrere Bücher geschrie-

ben oder herausgegeben, darunter *Exhibitionism for the Shy* und *Real Live Nude Girl: Chronicles of Sex-Positive Culture*.

Ablegen von komplizierten Kleidungsstücken
Quellen: Carol Queen, Ed. D. Gilly Aroshas ist Eigentümer von Gilly Jeans Western Fashions in Philadelphia, Pennsylvania. Er ist seit 16 Jahren im Geschäft und trägt seit 35 Jahren Cowboystiefel.

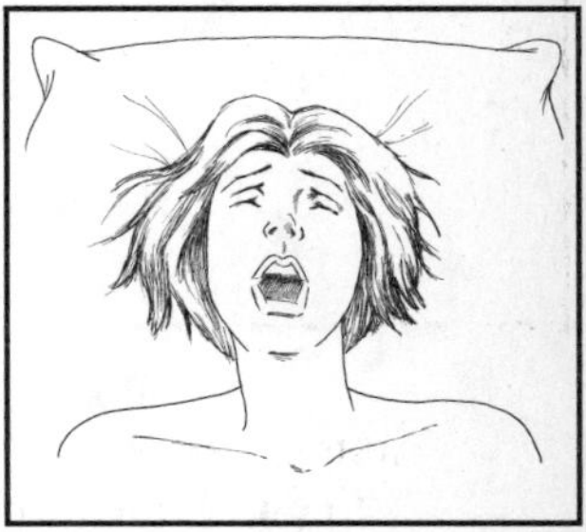

Vortäuschen eines Orgasmus
Quelle: Carol Queen, Ed. D.

Schaffung von Privatsphäre in unverschließbaren Räumen
Quelle: Linda Hunter.

Sex auf engstem Raum
Quellen: The Masked ScaVENger ist allgemeiner Sicherheitsberater für technische Anlagen und Mitglied der American Society of Safety Engineers. Er benutzt dieses Pseudonym, um seine Anonymität zu schützen. Carol Queen, Ed. D.

Abstellen von Schnarchen
Quelle: Jason H. Mateika hat in Physiologie promoviert und ist Assistant Professor am Teachers College der Columbia-Universität. Er befasst sich seit 1990 mit Schlafforschung und ist derzeit der Direktor des Sleep and Respiratory Physiology Laboratory am Teachers College.

Herausfinden des Namens der Person, neben der man erwacht ist
Quelle: Linda Hunter.

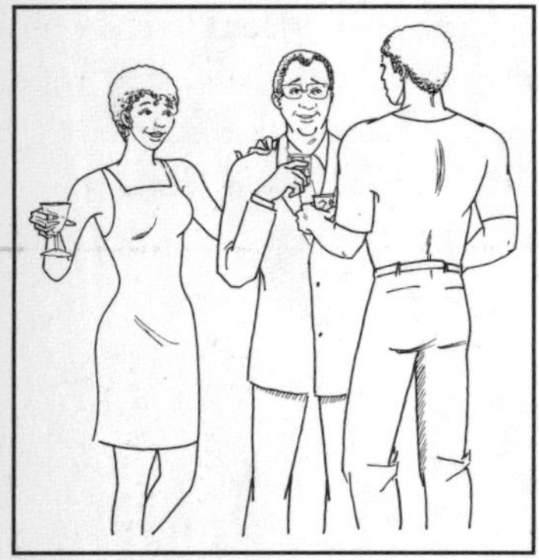

Kapitel 5: Überleben von Beziehungen

Zusammentreffen mit dem Ex
Quelle: Mary Mitchell ist die Autorin von sechs Benimmbüchern und Präsidentin der Mitchell Organization, die Benimmtrainings für Firmen veranstaltet. Sie schreibt eine Kolumne, die in mehreren Publikationen erscheint, »Ms Demeanor«, sowie – unter dem Spitznamen »Confidence Coach« – Kolumnen für die Sektion Arbeit von iVillage.com.

Besuch bei den Eltern des Partners
Quelle: Robin Thompson hat 1983 die Robin Thompson Charm School gegründet und lehrt an Colleges, Universitäten und in Unternehmen ganz Amerikas Geschäftliche Etikette und Firmenimage-Bildung. Sie ist Autorin von *Be the Best You Can Be* und leitet etiquette-network.com

Vergessen des Geburtstags
Quelle: Mary Mitchell.

Umgang mit einem fremdgehenden Partner
Quelle: Margaret Shapiro, MSW.

Fremdgehen, ohne erwischt zu werden
Quellen: Mark Burns, Ph. D., ist zugelassener Psychotherapeut und hat sich auf Paartherapie spezialisiert. Er sitzt in Seattle (Washington). *How to Have an Affair and Not Get Caught* von Paul und Linda Lewis. *How to Have an Affair and Never Get Caught* von Jay D. Louise. Debbie Layton-Tholl, Ph. D., ist klinische Psychologin in Boca Raton (Florida) und hat sich auf außereheliche Affären spezialisiert. Sie tritt oft als Rednerin zu den Themen »Affären« und »Scheidungen« auf.

Verhindern einer Hochzeit
Quelle: Robin Thompson.

Beenden einer Beziehung
Quellen: Susan Page führt Beziehungs-Workshops durch und ist Autorin von *If I'm So Wonderful, Why Am I Still Single?*, *Happily Married: The Eight Essential Traits of Couples Who Thrive*, *How One of You Can Bring the Two of You Together* und *If We're So in Love, Why Aren't We Happy?*. Sherry Amatenstein.

Danksagung

Die Autoren wollen allen Experten danken und ein lebenslang gutes Karma versprechen, die ihr Wissen und ihre Erfahrung zu diesem Projekt beigesteuert haben. Ohne euch sind wir nichts – oder zumindest viel unwissender.

Josh Piven dankt seiner Frau Christine und seinen Eltern für ihre Unterstützung.

David Borgenicht dankt Jay Schaefer, Steve Mockus, Jason Rekulak, Frances Soo Ping Chow, Brenda Brown und allen Beschäftigten von Chronicle Books und Quirk Productions. Darüber hinaus möchte er sich bei allen Frauen entschuldigen, die mit ihm ausgegangen sind, bevor er seine Frau traf.

Jennifer Worick dankt Margy Dooley, Irv Furman, Robin Gorman Newman, Peter Gwin, Richard Marx, Jason Rekulak, Karen Salmonsohn, Kerry Tessaro und Nan Troiano.

Reisen ist riskant. Seien Sie also auf alle Gefahren vorbereitet! In diesem Buch bieten Ihnen Survival-Experten illustrierte Schritt-für-Schritt-Anleitungen zum Überleben, wenn:

- ein Vulkanausbruch Sie überrascht,
- Ihr Fahrstuhl abstürzt,
- Sie von einer Tarantel gejagt werden,
- Sie einen Fluss voller Piranhas überqueren müssen

... und für viele andere Extremsituationen!

»Das sind Tipps, die im Ernstfall niemand missen möchte!«
Der Spiegel

Joshua Piven
David Borgenicht

Das Travel-Survival-Buch
Überleben in Extrem-situationen unterwegs

Econ | ULLSTEIN | List

B148

Rette sich, wer kann!

Endlich gibt es das unverzichtbare Handbuch für alle kritischen Lebenslagen. Survival-Experten bieten illustrierte Schritt-für-Schritt-Anleitungen zur ersten Hilfe, wenn:

- ein Hai naht,
- ein Alligator angreift,
- der Fallschirm sich nicht öffnet,
- eine Lawine Sie überrollt,
- Sie aus einem fahrenden Auto springen müssen ...

und für zahllose andere Extremsituationen! Seien Sie bereit!

»Ein famoses Buch – das perfekte Geschenk.«
Forbes

Joshua Piven
David Borgenicht

Das Survival-Buch
Überleben in Extremsituationen

Mit zahlreichen detaillierten Skizzen

Econ | ULLSTEIN | List

B149